나는
좋은 사랑을
할 수 있을까

나는
좋은 사랑을
할 수 있을까

사랑과 성이 궁금한 성인을 위한 시의적절 성교육

한채윤 지음

이매진

나는 좋은 사랑을 할 수 있을까
사랑과 성이 궁금한 성인을 위한 시의적절 성교육

초판 1쇄 2025년 7월 22일
지은이 한채윤
본문 일러스트 김유미
펴낸곳 이매진 **펴낸이** 정철수
등록 2003년 5월 14일 제313-2003-0183호
전화 02-3141-1917 **팩스** 02-3141-0917
이메일 imaginepub@naver.com
블로그 blog.naver.com/imaginepub
인스타그램 @imagine_publish
ISBN 979-11-5531-155-4 (03300)

── 차례 ──

들어가기 어른이 되면 저절로 된다는 거짓말 7

기본기 탄탄하게 다지기

내가 이렇게나 몰랐다고? 15

성욕과 생식 사이의 방황 멈추기

오르가슴보다 더 좋은 게 있다고? 65

섹스에 관한 환상과 부담 덜어 내기

대체 섹스를 잘한다는 건 뭘까? 107

자유롭고 건강하게 누리기

성을 평생 즐긴다는 것은 진짜일까? 155

불안과 불만을 다루는 법

나는 좋은 사랑을 할 수 있을까 199

나가기 내 인생에 때마침 당도한 성교육 243

들어가기

어른이 되면 저절로 된다는 거짓말

'성욕은 본능이다. 어른이 되면 저절로 잘하게 된다' 같은 말을 자주 듣습니다. 그럼 잠도 본능인데 불면증은 왜 생기고 수면제는 어째서 필요할까요? 식욕이 본능이라지만 그렇다고 음식을 저절로 잘하게 되지는 않아요. 그런데 왜 섹스는, 사랑은 나이가 들면 다 할 수 있게 된다며 제대로 가르쳐 주지 않을까요?

음식을 먹는 법이나 잠자는 법은 어릴 때부터 주변에 있는 부모나 친척, 친구, 심지어 텔레비전에서도 알려 줍니다. 숟가락과 젓가락을 어떻게 잡아야 하는지, 어떤 자세로 자야 좋은지, 수면 시간은 어느 정도여야 하는지 등등이요. 그런데 섹스가 인생에서 중요한 일이라고 하면서도 좀처럼 성에 관해서는 알려 주지 않습니다. 어릴 때는 몰라도 된다고, 그런 것에 관심 가지면 안 된다고 하죠. 나이 들면 다 알게 된다고, 사랑하는 사람이 생기면 저절로 하게 된다고 말하죠.

식탁 예절이라는 말이 있어요. 음식을 먹을 때 같이 먹는 사람이나 다음에 먹을 사람을 배려하는 태도를 말하죠. 식욕은 본능이지만 그렇다고 해서 자기 마음대로 하면 안 되고 타인을 살펴야 한다고 배웁니다. 잠도 마찬가지예요. 자고 일어나면 이부자리를 스스로 정돈하는 일은 기본이라고 하죠. 그런데 성에 관해서는 이런 배려와 예의, 합의, 다정 등이 왜 상식으로 작동하지 않을까요.

먹는 법이나 자는 법은 꼼꼼히 알려 줄 뿐만 아니라 어떻게 하고 있는지 계속 점검해요. 건강 문제로 인식하죠. 체하면 약 사다 주면서 걱정하고, 잠자리가 불편한지 자고 일어나서 목이 아프다고 한마디만 해도 더 편안한 베개를 살 수 있는 정보를 바로 공유합니다. 섹스도 건강에 밀접히 관련된 중요한 문제인데, 사람들은 건강보다는 오히려 평판에 관해 더 많이 이야기해요. '소문이라도 나면 어쩔래' 같은 말들로 문제점을 지워 버리죠.

인간의 3대 본능이 식욕, 수면욕, 성욕이라는 말을 많이 하지만, 본능이라고 해서 절로 되지는 않아요. 식욕이 있다는 이유만으로 요리를 저절로 잘할 수 없고, 수면욕이 강력하다지만 많은 현대인은 수면제를 복용해야 잠이 듭니다. 그렇다면 성도 배우고 익히고 연습해야 맞지 않을까요? 성에 관한 정보와 지식이 부족한데도 서로 숨기고 부끄러워하기 더 바쁩니다. 저는 성욕이 본능이라고 생각하지 않지만, 이렇든 저렇든 확실한 한 가지는 성에 관해서도 애써 공부해야 한다는 사실입니다.

시의적절 성교육에 필요한 전제

시의적절 성교육은 비청소년, 곧 성인을 대상으로 합니다. 청년부터 장년과 노년까지 염두에 둔다는 의미입니다. 성인 대상 성교육은 나이에 따른 신체 변화뿐만 아니라 결혼 여부, 연애 여부, 성관계 경험 여부, 임신과 양육 경험 여부, 성적 지향 탐색과 정체화 등 각기 다른 상황 등을 고려해야 하기 때문에 어렵습니다.

이 책은 이성 간 연애와 성관계를 더 많이 다루지만 동성 간 연애와 성관계에도 핵심 원리를 적용할 수 있게 했고, 유성애 중심이 아니라 무성애자로 자기를 정체화하거나 탐색 중인 사람에게도 가능성을 열어 놓고 설명하려 했습니다.

트랜스젠더와 논바이너리 독자들에게도 도움을 주고 싶지만, 이 부분은 충분하지 못합니다. 다만 생식기나 염색체 기준으로 성별이 결정된다는 편견을 피하려고 고심한 끝에 '여성형/남성형 생식기'라는 표현을 사용했습니다. 또한 성별 정체성에 상관없이 누구든 그저 지금 자기 몸 상태에 따라 필요한 대로 내용을 적용할 수 있기를 기대했습니다.

불필요한 성별 호명은 되도록 하지 않으려 노력했지만, 그럼에도 사회 일반에 깔린 고정 관념을 인용하면서 설명해야 하거나 좀더 쉽게 이해시키고 싶을 때는 '여성/남성'으로 통칭한 한계도 미리 밝혀 둡니다.

또한 비청소년으로서, 교육자로서, 양육자로서 아동과 청소년의 성을 어떻게 바라보고 다뤄야 할지 고민하는 부분도 책에 담으려 노력했습니다. 인간의 성을 바라보는 관점을 넓히는 일에 연결되니까요.

청소년만 성교육을 받아야 한다고 생각하지 않습니다. 성에 관한 정확하고 폭넓은 지식과 정보는 살아가는 내내 필요합니다. 그렇지만 고등학교를 졸업하고 나면 성교육을 받을 기회가 생각보다 흔치 않습니다. 이 책은 바로 이런 이유 때문에 만들어졌습니다.

실제 강의처럼 5강으로 구성했고, 바로 눈앞에서 강의가 진행되는 느낌을 살리려 노력했습니다. 먼저 평소에 자기가 성에 관해 얼마나 알고 있는지 확인하는 사전 질문부터 풀어 보세요. 답은 본문에 녹아 있습니다. 문제지 풀듯이 정답표하고 비교해서 채점하지 말고 본문을 음미해 주세요.

매우 다양한 사람이 있고 사람마다 처한 상황이 다 다르기 때문에 한 주제를 깊이 파고들기보다는 여러 주제를 넓게 다뤘습니다. 그렇지만 아무리 넓다 한들 빠진 내용이 있을 수밖에 없겠죠. 그래서 '원리의 파악'과 '새로운 관점 갖기'에 가장 신경 썼습니다. 원리를 알고 관점이 확실하면 응용과 도전, 여유가 따라올 수 있으니까요. 각 장 마지막에는 추가로 나올 법한 질의응답도 배치했습니다.

내가 누구인지 알아 가는 여행

성교육 현장에 있다 보면 '성적 주체'가 되는 법을 알려 달라는 요청을 종종 받습니다. 특히 요즘 들어 성적 주체가 중요한 화두가 된 듯합니다. 성적 주체가 뭔지 물어보면 성에 관해 스스로 결정하는 힘을 지닌 존재, 나를 위한 선택을 할 수 있는 힘이 있는 상태라고 말합니다. 저도 동의합니다.

그런데 선택과 결정이란 단호한 마음만으로 되지 않죠. 좋은 선택을 하려면 정보와 지식이 충분해야 하고, 좋은 결정을 하려면 나를 위하는 마음과 남을 위하는 마음이 둘 다 커야 합니다. 결정은 내가 내린다고 해서 바로 실행되지 않으며, 상대나 주변 사람들이 존중할 때 의미를 얻게 됩니다. 이렇게 생각하면 주체가 되는 일은 '단단한 나로 우뚝 서기'만이 아니라 '존중받는 나'로 살기를 포기하지 않는다는 의미이기도 합니다. 그러니 상대가 지금 나를 어느 정도 존중하고 있는지를 잘 알아채기, 나를 보호하기 위해 어떤 관계는 단호히 끊어 내기, 내가 무엇을 원하는지 계속 질문 던지기 등이 주체가 되는 데 필요한 일이겠죠.

성교육은 주체가 되는 도착지에 데려다 주는 교육이 아니라 주체가 되는 과정에서 우여곡절을 함께하는 교육이어야 한다고 생각합니다. 이 지상 강좌도 내가 누구인지 알아가는 여행의 일부라고 생각합시다. 잠시 함께 여행을 하고, 이 강의가 끝나면 다시 여러분은 새로운 지도와 새로운 계획을 세운 여행자가 돼 계속 자기만의 여행을 즐기겠죠. 이 책이 긴 여행길에 목을 축이는 물 한 모금, 가끔 꺼내 보는 안내서가 되기를 바랍니다. 위로가 되는 시간이기를 바랍니다.

1강

기본기 탄탄하게 다지기
내가 이렇게나 몰랐다고?

몸에 관해 알아보는 시간입니다. 물론 섹스는 감정이나 애정이 반영된 행위이고 서로 교감하는 속에서 일어나지만, 우리가 흔히 고민하게 되는 오르가슴이나 성병 같은 문제는 결국 '몸'에서 벌어지는 일이죠. 몸의 구조와 작동 원리를 파악하면 성행위를 하든 안 하든, 관심이 많든 적든, 심리적 부담은 줄고 더 자유로운 응용 능력이 생깁니다. 분명 기본이지만 그동안 기본기로 배우지 못한 내용들을 차근차근 알아보러 갈까요.

나는 얼마나 알고 있나

다음 문장을 읽고 맞음(O) 틀림(X) 표시를 해 보세요. 답은 1강 본문 안에 있어요.

① 음경에 뼈가 없는 포유류는 인간과 원숭이뿐이다. (O, X)
② 음경은 지방은 없지만 근육으로 구성돼 있어 커지고 딱딱해질 수 있다. (O, X)
③ 고환에서 생성된 정자는 정낭 안에서 정액과 합쳐진다. (O, X)
④ 음경은 2차 성징이 시작하면 커지기 시작해서 키 성장이 완료될 때 함께 성장이 끝난다. (O, X)
⑤ 음경의 발기는 영유아 때부터 가능하다. (O, X)
⑥ 성인의 자궁 크기는 대략 꽉 쥔 주먹만 하다. (O, X)
⑦ 성관계 횟수, 임신과 출산, 수유 여부 등에 따라 유륜의 색깔과 크기가 달라진다. (O, X)

섹스할 때 사용하는 몸의 부위

종이 한 장과 필기구를 꺼내세요. 그림을 하나 그리면 됩니다. 잘 그리는 게 핵심이 아니니까 부담은 갖지 말고요. 우리가 섹스를 할 때 사용하는 몸의 부위를 그려 주세요. 30초 정도 시간을 드릴게요. 세밀하고 정확하게 그리지 않아도 괜찮아요. 뭔지 알아볼 수만 있으면 됩니다.

무엇을 그리든 틀린 답은 없습니다. 제가 몸의 부위를 그리자고 했지, 모든 부위를 다 그려야 한다고 하지는 않았으니까요. 뭘 그리든 다 정답이라는 점에서 제가 준비한 답은 '온몸'입니다. 머리에서 발끝까지 전부요. 손가락이나 발가락까지 표시했다면 질문 의도를 정확하게 파악한 겁니다.

섹스라고 하면 음경이나 질, 자궁 등을 떠올리기 쉽지만 우리가 자위를 하든 다른 상대하고 함께하든 결코 특정 신체 부위만 사용할 수는 없습니다. 온몸을 다 써야만 하죠. 좀더 구체적으로 나열해 볼까요.

눈, 코, 귀, 볼, 입술, 혀, 치아, 머리카락, 두피, 등, 허리, 목, 팔, 배, 가슴, 허벅지, 종아리, 무릎, 발등, 발바닥, 발뒤꿈치, 발가락, 손가락, 손바닥, 손톱, 젖꼭지, 겨드랑이, 어깨, 소음순, 대음순, 질, 자궁, 방광, 엉덩이, 직장, 음경, 음낭, 불두덩, 피부, 털, 뼈, 근육, 신경, 혈관, 혈액, 호르몬, 뇌, 폐, 심장…….

떠오르는 대로 읊기만 해도 이 정도네요. 이뿐인가요. 성별이나 연령, 장애 정도에 따라 같은 기관이라도 움직이는 방식이나 느끼는 감각과 통증도 다릅니다. 변수는 또 있습니다. 긴장이나 스트레스, 상상력 등이죠. 직장에서 상사에게 잔소리를 듣고 스트레스가 쌓인 상태인지, 내일이 리

포트 마감일이라는 사실이 갑자기 떠올랐는지, 부모님이 집에 돌아오는 시간이 다 되었는지, 지금 함께 있는 상대에 관한 내 애정도에 따라 몸의 움직임도 달라집니다.

예를 들어 긴장한 상태라면 질은 수축되기 쉽고, 음경은 발기가 잘 안 됩니다. 술을 마셨는지 아닌지도 영향을 미치죠. 곧 우리는 매일 몸을 사용하지만 그 몸은 항상 같지 않습니다. 매일 매번 다른 몸이기도 하죠. 이렇게나 변수가 많은데 섹스가 저절로 된다고요? 아뇨. 섹스에 관한 정확한 정보와 지식이 필요합니다.

성기가 곧 생식기는 아니다

그림부터 그린 이유는 섹스에 관한 고정관념을 돌아보려는 의도입니다. 우리는 섹스라고 하면 생식기부터 떠올리죠. 생식기가 성기에 속하기는 하지만, 성기가 곧 생식기는 아닙니다. 이 명제는 중요합니다. 밑줄 그어 둘 만하죠.

섹스할 때 온몸을 사용한다는 말을 해부학적으로 풀어 볼게요. 몸은 크게 골격계, 근육계, 호흡계, 순환계, 소화계, 배설계, 내분비계, 생식계, 면역계, 신경계, 감각계 등으로 나눠 볼 수 있습니다. 섹스할 때 우리는 이 모든 기관을 다

이용합니다.

온몸이 성기라는 사실은 명확히 해 두고, 오늘은 생식 기관을 중심으로 살펴보려고 해요. 생식 중심으로 성교육을 하려는 뜻은 아닙니다. 다른 기관에는 없는 생식기의 고유한 특징을 알아 두면 성에 관한 수많은 오해와 편견에서 벗어나 자기만의 가치관을 만들 수 있기 때문이죠.

생식기에는 세 가지 특징이 있습니다.

첫째, 임신을 할 수 있습니다. 그러니 생식기를 활용한 섹스를 할 때 임신을 원하는지 아닌지부터 확실하게 결정해야 합니다(동성 간 섹스와 완경기 이후 섹스는 이런 면에서 장점이 있죠). 한국은 세계적으로 콘돔 사용률이 낮은 국가에 속합니다. 임신 가능한 기관을 이용하면서 임신 가능성을 고려하지 않는다? 여성에게만 해당하는 이야기가 아니에요. 임신은 혼자 할 수 없으니까요. 그러니 오럴 섹스나 애널 섹스, 섹스 토이를 사용하는 경우가 아니고 질 내 음경 삽입 섹스를 선택할 때는 반드시 두 사람 모두 임신을 원하는지 아닌지 먼저 논의하고 이 결정에 따라 행동해야 합니다.

둘째, 전염이 될 수 있습니다. 성관계는 특성상 다른 사람의 피부에 직접 접촉하고 체액을 교환하게 됩니다. 이 과정에서 균이나 바이러스, 박테리아 등이 옮겨 갈 수 있죠. 온몸을 접촉하는 성행위의 특성상 전염 가능성이 높습니다.

온몸이 성기

질병에 걸리면 치료받아야 하고 병원비도 들겠죠. 그러니 섹스할 때 전염 예방은 귀찮은 일이 아니라 당연히 발휘해야 할 요령이죠.

셋째, 비난과 낙인, 수치와 모욕을 겪을 수 있습니다. 다른 사람하고 같이 밥을 먹거나 영화를 보고 산책을 할 때하고 달리 성관계는 누구하고 하느냐에 따라 거센 비난을 받을 수도 있습니다. 동성 간 섹스가 대표적인 사례죠. 동성 간에는 아이를 낳을 수 없기 때문에 생식기를 올바르게 사용하지 않았다는 이유를 갖대 대면서요. 당연히 말도 안 되는 논리죠. 그렇다면 이성 간이라도 임신을 목적으로 하지 않는 모든 섹스는 금지해야 할 테니까요.

과거에는 혼전 순결을 지키지 않으면 엄청난 비난의 대상이 됐죠. 사회의 편견은 자기에게 솔직하게 살아가려는 사람들에게 부당한 압력을 가하기도 합니다. 그래서 미리 말합니다. 같은 일을 겪어도 상상도 못한 경우와 마음의 준비를 한 경우는 다르니까요. 마음에 상처가 생길 수는 있지만, 내 잘못이 아니라 편견과 오해로 가득한 사회의 잘못입니다.

생식기를 그려 본 적 있나요

먼저 '남성형' 생식기를 그려 볼게요(유성 생식을 하기 때문에 인간의 생식기는 두 가지 종류입니다. 생식기가 그것 자체로 '성별'은 아니라는 점을 환기하기 위해 여기서는 '남성형'이라고 표현했습니다). 자, 다음 기관들을 그려 주세요.

생식 기관 정소(고환), 부정소, 정관, 정낭, 사정관, 전립선, 쿠퍼선, 음경, 음경해면체
비뇨 기관 방광, 요도, 요도해면체
소화 기관 대장, 항문

생물 시간에 배운 기억이 나나요? 해부도로 본 적은 있겠지만 직접 그려 보면 느낌이 완전히 달라집니다. 1분 동안 그려 봅시다.

제가 그리는 방법을 알려 드릴게요. 먼저 아랫배를 그려요. 측면에서 본 단면도로 그리면 쉽습니다. 아랫배에 이어 기다랗게 음경을 그리고, 이어서 음낭과 항문을 표시한 뒤 엉덩이까지 그리면 일단 큰 얼개는 잡은 셈입니다. 배 속 장기는 자리를 잡는 일이 중요하죠. 먼저 방광을 그려요. 약간 납작한 동그라미로 그리면 됩니다. 방광 앞에 치골이 있겠

죠. 내부 장기를 보호해 주는 뼈입니다. 방광에 모인 소변이 밖으로 나가야 하니 요도를 그려야겠죠. 요도는 일직선이 아닙니다. 알파벳 에스 형태를 살짝 닮았어요. 방광에서 내려와 살짝 꺾이면서 음경을 통과해 귀두까지 이어지게 그리면 됩니다. 요도를 요도해면체가 둘러싸고 있습니다. 이것까지 정확히 그리기는 쉽지 않겠지만 음경의 귀두가 요도해면체라는 사실만 알아 두면 돼요. 요도해면체여서 발기 때 음경의 몸통은 단단해져도 귀두는 부드러운 상태를 유지하죠. 귀두까지 단단해지면 삽입 섹스할 때 부딪치면 아플 수 있으니까 나름 고려해서 만들어졌어요.

음경의 뿌리 부분에서 귀두 아래까지 요도해면체 위에 음경해면체가 얹혀 있습니다. 해면체의 세부 구조는 조금 뒤에 다시 설명할게요.

보시다시피 음경에는 뼈가 없습니다. 포유류는 음경에 뼈가 있는데, 유일하게 인간만 없습니다. 원숭이에게도 있는데 인간만 없죠. 이유는 아직 정확히 밝혀지지 않았습니다. 음경에는 지방과 근육도 없습니다. 그래서 몸무게가 늘어난다고 해서, 음경만 집중해 단련한다고 해서 음경이 커지지는 않습니다.

이제 음낭 안에 타원형인 정소를 그려요. 복부 안에 있지 않고 몸 밖으로 나와 있다고 해서 고환이라고 부르기도 합니다. 부정소는 정소에서 만든 정자를 키우는 곳인데요, 정소 옆에 길게 붙어 있습니다. 부정소 끝에서 정자가 이동할 정관이 쭉 뻗어 나와 방광 쪽으로 올라가다가 다시 내려옵니다. 정액을 생산하는 정낭이 방광과 직장 사이에 있어요. 정자와 정낭의 정액은 정관의 끝부분인 사정관에서 합쳐져요(옛날에는 정낭 안에 정자가 있다고 오해했죠).

방광 앞에는 밤톨같이 새긴 전립선이 있습니다. 이 전립

남성형 생식기 단면

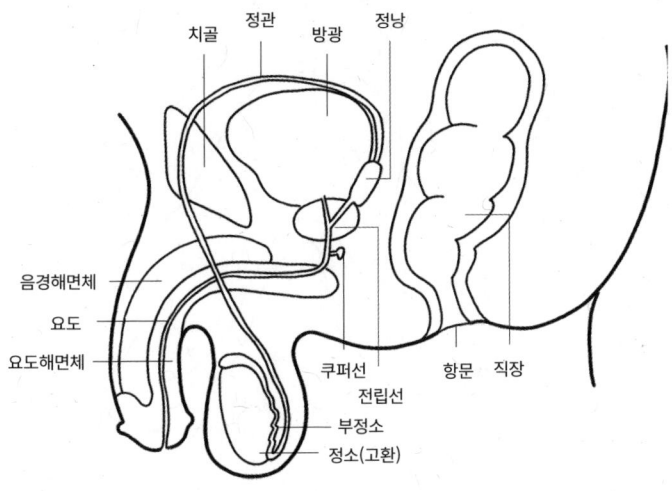

선 안에서 요도와 정관이 하나로 합쳐집니다. 아까 표시해 둔 항문과 연결해 대장(직장)을 대충 뭉글뭉글하게 그리면 완성입니다.

아, 그런데 좀 이상하지 않나요? 요도는 소변이 나가는 길인데 정관이랑 합쳐진다고? 그럼 소변이랑 정액이랑 통로 하나를 같이 쓴다고? 강의를 하다 보면 이런 설명을 듣고 충격받는 사람들도 있습니다. 비위가 상하는 표정으로 바뀌죠. 소변과 정액이 섞일 수도 있는데 위생상 괜찮나 싶죠. 걱정하지 마세요. 우리 몸이 그렇게 허투루 만들어지지

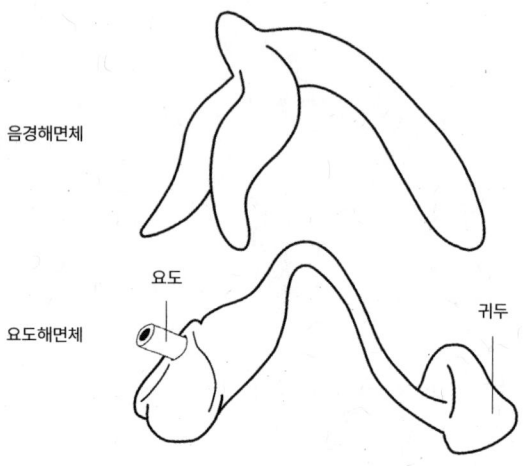

음경해면체와 요도해면체

음경해면체

요도
요도해면체
귀두

않습니다. 소변은 산성이고 정액은 알칼리성이에요. 알칼리가 산을 만나면 죽으니 소변이 지나간 길로 정액이 바로 지나가면 안 되고, 사정할 때 요도에 남은 소변을 끌고 나갈 수도 없잖아요.

전립선 아래쪽 요도가 꺾이는 지점쯤에 작은 망울 하나를 그리세요. 이걸 쿠퍼선(쿠퍼샘이라고도 해요)입니다. 여기서 쿠퍼액이 나옵니다. 사정관에서 정액이 나가기 전에 쿠퍼액이 먼저 나와서 요도를 싹 청소해요.

이렇게 한 번 그려서 구조를 파악하면 예전에는 알쏭달쏭하던 질문들에도 다 답할 수 있게 됩니다.

사람들이 이런 질문을 하잖아요. '쿠퍼액으로 임신이 되나요?', '질외 사정 피임에 실패한 이유가 뭘까요?', '갑자기 아이가 구역질하면서 열도 나고 고환이 아프다는데, 왜 그렇죠?', '발기 안 하고도 사정을 할 수 있나요?', '사정을 해도 오르가슴을 못 느낄 때도 있나요?', '저는 왜 발기가 빨리 되죠?', '저는 왜 발기가 안 되죠?' 이런 어려운 질문들도 구조를 알면 쉽게 설명할 수 있습니다.

옆모습 말고 앞에서 본 그림도 보여 줄게요. 한 번 그려 본 만큼 아는 그림이라도 다르게 보일 거예요. 그림을 그려 보면 구조를 쉽게 파악할 수 있으니까요.

아이가 구역질하면서 고환이 아프다고 호소하는 일은 12세부터 18세 사이에 발생하기 쉽습니다. 부정소에서 만든 정자가 이동하는 길이 정관이잖아요. 그런데 고환에는 혈관과 신경도 연결돼 있거든요. 그래서 고환에서 샅굴(사타구니)까지는 정관, 혈관, 신경이 하나로 묶여 있어요. 이걸 정삭이라고 부릅니다. 전선을 잘라 보면 안에 가는 전선 몇 가닥이 있는 모습을 본 적 있죠? 그 모습이랑 같다고 생각하면 됩니다. 곧 길게 늘어진 동아줄 같아서 가끔 정삭이 꼬여 버릴 때가 있습니다. 정삭이 꼬이면 혈액 순환이 원활하지 않게 되니 음낭이 붓고 붉은색으로 변하면서 아프죠. 아랫배 통증과 메스꺼움까지 겹칩니다. 이때는 즉시 병원에

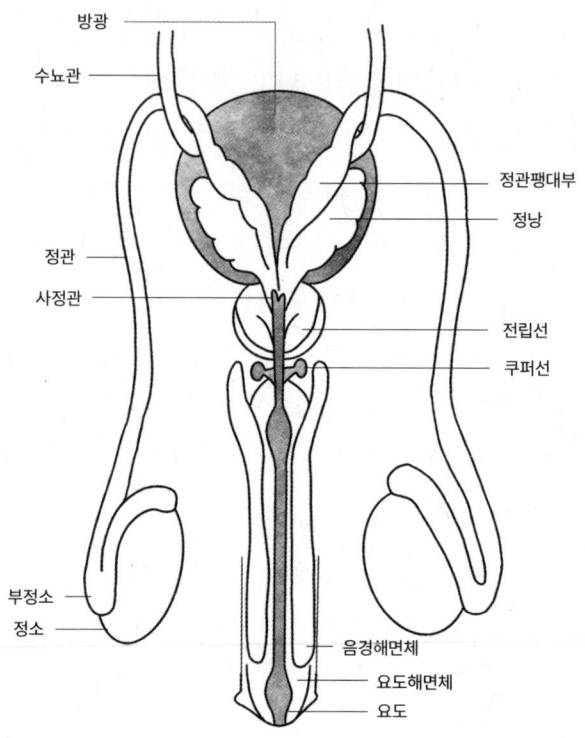

가서 꼬인 정삭을 풀어 줘야 합니다.

쿠퍼액으로 임신이 될까요? 원론적으로 쿠퍼액으로는 임신이 불가능합니다. 왜냐하면 정액보다 먼저 나가기 때문에 쿠퍼액 안에는 정자가 없거든요. 그런데도 쿠퍼액으로도 임신이 된다고 성교육자들이 말할 때가 있어요. 왜 그럴까요? 사정을 한 뒤 화장실에 가지 않고 몇 시간 뒤 다시 사정을 하는 경우를 생각해 보죠. 요도 벽에는 앞서 사정할 때 남은 정자가 있을 수 있습니다. 그렇다면 두 번째 사정에서 쿠퍼액은 남아 있는 정자를 끌고 나갈 수 있죠. 이때 정자 수는 이론으로는 수정이 될 만큼 충분하지 않기 때문에 임신이 불가능하다고 할 수 있지만, 세상일은 가끔 예상하고 다를 때가 있죠. 절대 불가능하다고 장담은 할 수 없어요. 그래서 성교육자로서 쿠퍼액도 임신 가능성이 절대 없다고 하기는 어렵고, 쿠퍼액이 나오고 정액이 나오기 전에 재빨리 질외사정을 하면 된다는 목표는 실패하기 쉽기 때문에 임신을 원하지 않는다면 반드시 콘돔을 사용하라고 강조합니다.

발기 안 하고 사정은 가능할까요? 발기 부전은 왜 생길까요? 답을 찾으려면 발기 원리를 이해해야겠죠. 음경 단면도를 보면서 구조를 자세히 들여다보죠.

음경을 그릴 때 음경해면체를 그렸죠? 해면체의 단면은 그림하고 같습니다. 해면체는 스펀지처럼 그물 형태이고, 해면체 주변과 중앙에 정맥, 동맥, 신경이 지나갑니다. 쉽게 설명하자면, 뇌가 자극을 인식하면 신경을 통해 동맥한테 혈액을 많이 받아들이라고 합니다. 그러면 평소보다 4배에서 10배 많은 혈액이 들어갑니다. 동맥으로 들어간 혈액은 정맥으로 빠져나와야 하는데 이미 확장된 동맥으로 정맥은 압박을 받아 혈액이 나가기 힘들어집니다. 들어오기만 하고 나가지 못하니 해면체 안은 혈액으로 가득 차서 부풀어 오릅니다. 그러나 해면체의 바깥을 신축성은 조금도 없는 백막이 둘러싸고 있어요. 그러니 음경이 커지고 단단해집니다. 발기의 원리는 이렇습니다. 간단하죠?

그러니까 발기의 핵심은 '혈류'입니다. 혈액이 잘 흘러야 하죠. 그럼 발기가 잘 안 되는 이유는 뭘까요? 발기가 너무 빨리 풀리는 이유는 뭘까요? 많은 스트레스나 높은 부담감 같은 심리적 원인이 가장 크고, 이밖에는 혈관이나 혈류량 등이 영향을 미칩니다. 발기 부전 치료제 비아그라가 작용하는 원리이기도 하죠. 비아그라는 혈관을 확장하는 효과가 있어서 고혈압과 협심증 치료제로 개발됐는데, 막상 써 보니 음경 혈관 확장에 효과가 좋아서 발기 부전 치료제로 인기를 끌게 됐죠.

신경이 깔려 있다는 사실을 잊지 마세요

신경의 작동도 이해해야 합니다. 뇌부터 척추를 따라 척수 신경이 내려와서 다시 온몸으로 뻗어 나가는데, 음경 귀두

음경 단면

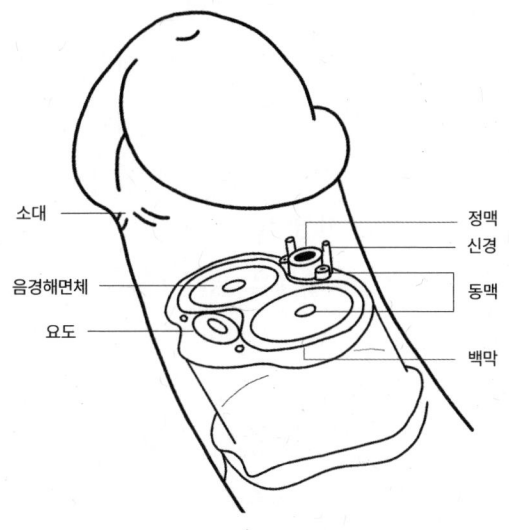

뿐만 아니라 음낭, 전립선, 방광까지 다 연결됩니다. 곧 뇌와 생식기가 신경으로 연결돼 있다는 의미입니다. 스트레스를 받거나 우울하면 발기가 잘 안 되기도 하는데, 특별히 다른 이유가 있어서 그런 게 아니라 그럴 수밖에 없어요. 우리 신체는 서로 연결돼 영향을 주고받으니까요. 섹스할 때 온몸을 사용한다는 말을 다시 한 번 강조합니다.

이쯤에서 교감 신경과 부교감 신경을 불러 오겠습니다. 전문 용어가 등장하면 어렵게 느낄 수 있어서 되도록 쓰지 않으려 하지만, 이 용어는 빼먹을 수 없어요. 최대한 쉽게 설명해 볼 테니 관심을 가져 주세요.

우리 몸에는 자율 신경이 있어요. 말 그대로 내 의지랑 상관없이 알아서 움직이는 신경입니다. 이런 신경이 있어야 우리가 정신없이 잠을 자더라도 몸이 일정한 상태를 유지할 수 있겠죠. 자율 신경은 크게 둘로 나뉘어요. 교감 신경과 부교감 신경요. 교감 신경이라는 말에서 학창 시절 무서운 교감 선생님을 떠올려 주세요. 학교에서 딴짓하며 놀고 있는데 갑자기 교감 선생님이 나타나면 놀라고 엄청 긴장하겠죠. 동공이 커지고 입이 마르고 심장이 빨리 뛰고 흥분하죠. 도망치려고 하다가 다시 보니 교감 선생님이 아니라 모르는 사람이에요. 그럼 안도의 한숨을 쉬면서 몸에 긴장이 풀려서 화장실에 가고 싶기도 하고, 입안에서는 침이 잘 분비되고, 마구 뛰던 심장도 안정돼요. 부교감 신경이 작동할 때죠.

발기와 사정에 대입하면 사정에는 교감 신경이, 발기에는 부교감 신경이 관여합니다. 발기하면 곧 사정한다고 생각하지만, 아니에요. 서로 다른 신경이 관여하기 때문에 발기해도 사정하지 않을 수 있고, 발기 없이 사정할 수도 있습니다.

발기는 부교감 신경이 관여한다고 했죠. 그래서 스트레스가 많거나 심리적으로 압박이 심할 때나 우울하고 초조하면 발기가 잘 안 됩니다. 부교감 신경이 작용하려면 긴장이

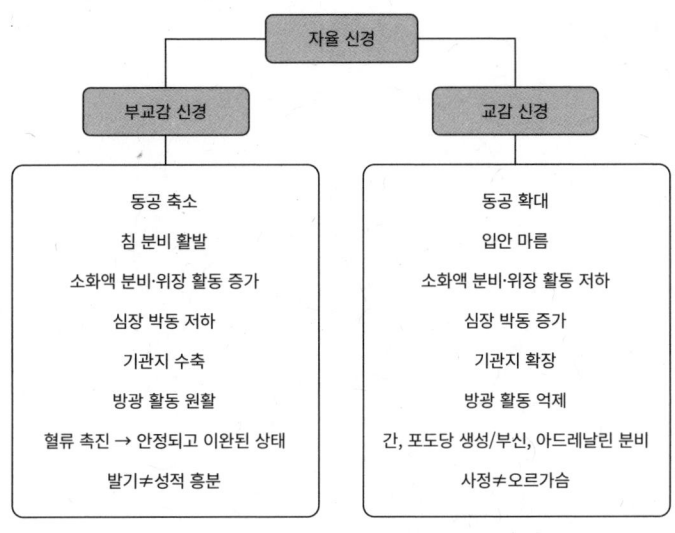

풀리고 편안한 마음이어야 하죠.

사정은 정액이 배출되는 현상이죠. 정액은 어떻게 밖으로 나갈까요? 정관의 가장 끝부분이라 할 수 있는 사정관 주변을 감싼 근육이 빠르게 여러 번 반복 수축하면서 정액을 바깥으로 확 밀어냅니다. 다 합쳐 평균 8초 정도 걸려요. 사정이 곧 오르가슴이 아닙니다. 만약 정말 같다면 너무 슬픈 일이죠. 1회 사정에 오르가슴을 8초밖에 못 느낀다면 설사 1000회 사정을 한다고 해도 평생 오르가슴을 느낀 총 시간은 133분 정도밖에 안 되니까요. 오르가슴 안 느껴도 사정할 수 있고 사정해도 오르가슴을 못 느낄 수 있다는 건 오

부교감 신경

교감 신경

히려 성생활을 즐겁게 할 방법을 스스로 찾을 수 있는 힘이 됩니다.

발기가 곧 성적 흥분 상태를 의미하지도 않습니다. 잠결에 나도 모르게 벌어지는 몽정을 떠올려 보면 바로 이해되죠. 발기는 신경과 혈관이 작동한 결과일 뿐입니다. 발기한 김에 반드시 섹스를 해야 하지도 않고, 발기가 성적 흥분을 느끼고 있다는 증거도 아닙니다. 몸에서 일어나는 변화만으로 행동을 합리화하면 안 됩니다. 합리화를 하지 않으면 오히려 내가 원하는 섹스가 뭔지 구체적으로 생각할 수 있죠. 성을 계속 신비화하면 내가 원하는 섹스에서 멀어지게 됩니다. 생식기의 변화는 생식기 나름의 이유가 있어요. 모두 '성적인 것'으로 해석하면 이상한 일이죠. 이를테면 음경의 발기는 태아에게서도 발견할 수 있습니다.

음낭은 좌우 크기가 같지도 않고 높낮이도 다릅니다. 왜일까요? 좌우 음낭이 서로 부딪쳐 고환이 다치지 않도록 살짝 엇나 있어요. 음경은 유아 때부터 아주 조금씩 자라다가 2차 성징이 시작될 때 눈에 띄게 커집니다. 성장판이 닫히며 키는 성장을 멈추지만 음경은 그 뒤로 2년 정도 더 성장합니다.

자궁과 방광의 관계를 아시나요

이번에는 '여성형' 생식기를 그려 보죠. 그릴 기관들은 다음하고 같습니다. 똑같이 1분을 드릴게요.

생식 기관 질, 자궁, 나팔관, 난소, 음핵, 소음순, 대음순, 질전정구, 바르톨린선
비뇨 기관 방광, 요도
소화 기관 직장, 항문

요령은 아까 익혔죠? 자, 아랫배를 그립니다. 옆에서 보는 모습이니 대음순에 해당하는 부분을 살짝 튀어나오게 그리고, 이어서 항문을 표시하고 엉덩이를 그립니다. 그다음 방광과 치골을 그려야겠죠. 요도는 방광에서 대음순 방향으로 일직선으로 긋습니다. 다음이 중요해요. 자궁은 어디에 있을까요? 방광하고 어떤 관계에 놓일까요?

자궁의 크기는 자기 주먹이랑 비슷하다고 생각하면 됩니다. 예상보다 작죠. 자궁은 방광 살짝 위쪽에서 시작해 방광 옆에 자리합니다. 자궁경부하고 질이 연결돼 있죠. 질은 요도처럼 일직선으로 그리면 안 됩니다. 45도 각도로 살짝 누워 있어요.

자궁에 연결된 나팔관, 난소도 그려 주세요. 항문하고 연결해 직장을 그려 주세요. 음핵과 질 전정구를 그리고, 소음순도 살짝 표시할게요. 항문에 이어 직장이 있겠죠. 음핵과 질 전정구, 소음순을 표시해 주세요. 소음순에서 회음 쪽으로 망울 하나를 그려 주세요. 바르톨린선(바르톨린샘이라고도 해요)입니다. 이렇게 하면 완성.

자궁이 살짝 방광 쪽으로 기울어진 모습을 자궁전굴이

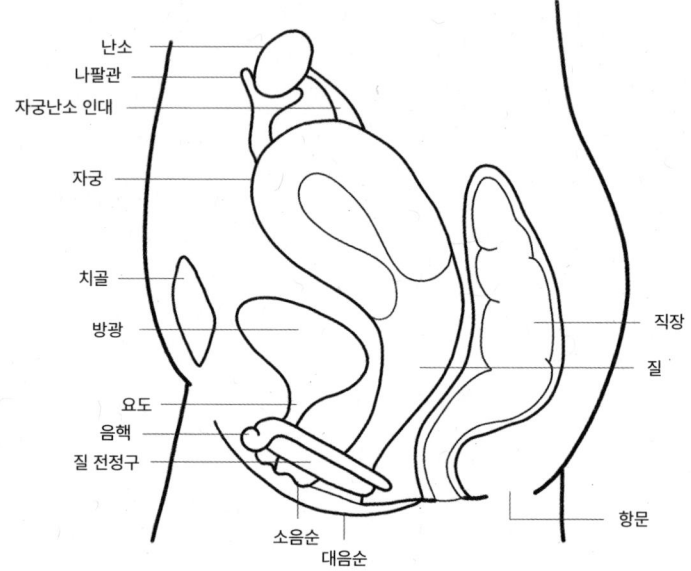

여성형 생식기 단면

라고 합니다. 자궁이 뒤쪽, 곧 직장 쪽으로 누워 있는 경우를 자궁후굴이라고 하는데요. 사람마다 다릅니다. 다만 자궁후굴은 월경통, 성교통, 골반통을 가중시킨다는 연구가 있습니다. 월경통이 심할 때 앉아서 몸을 앞으로 웅크리고 있으라고 하는데, 자궁을 방광 쪽으로 넘어가게 하는 원리입니다.

난소도 한번 볼까요. 나팔관의 끝부분을 난관채라고 합니다. 난관깔대기라고도 하는데, 꽃잎처럼 끝이 갈라져 있

정면에서 본 자궁과 난소

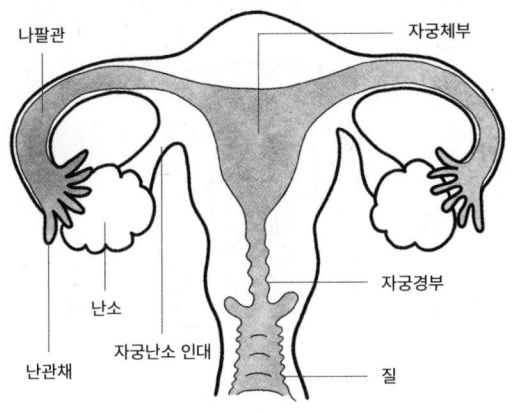

습니다. 난관채하고 난소가 딱 붙어 있다고 생각하는 사람도 있는데, 연결돼 있지 않습니다. 난관채가 난소를 쓰다듬듯이 움직이고 있어서 난자가 배출되면 난관 안으로 쓸려 들어가게 됩니다.

옆에서 본 단면도만 그려도 되지만 정면에서 바라본 외음부도 한번 그려 볼까요? 치구와 양쪽 허벅지를 대충 그리세요. 치구는 순우리말로 불두덩이라고 하는데, 작은 언덕처럼 살짝 솟아 있고 음모가 나는 곳이죠. 아래 치골이 있어서 누르면 딱딱하지만 충격을 완화하려고 지방질로 구성돼 말랑하기도 합니다.

치구 아래는 양쪽으로 갈라져요. 나뉘는 지점에 음핵 머

정면에서 본 외음부

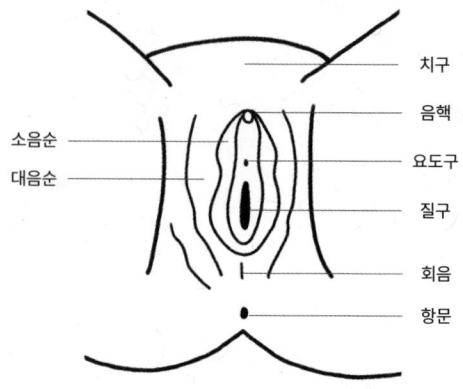

리가 있죠. 음핵을 덮은 표피가 양쪽으로 갈라지는데, 팔랑거리는 주름을 소음순이라고 합니다. 소음순을 보호하듯 바깥에 있는 두툼한 부분은 대음순이고요. 대음순은 지방 조직이라 성관계 때 충격을 완화하는 구실을 합니다. 뇌에서 내려온 신경은 음핵뿐만 아니라 대음순과 소음순, 치구에도 다 뻗어 있습니다.

소음순을 살짝 벌려서 안쪽을 보면 요도구와 질구가 보여요. 질구 앞에는 예에 처녀막이라고 잘못 부르던 질막이 있고요. 더 자세히 들여다보면 요도구 근처에 아주 작은 스켄선의 배출구가 있고, 질구 옆에는 바르톨린선액이 나오는 배출구가 있어요.

외음부 안쪽 음핵, 질 전정구 등

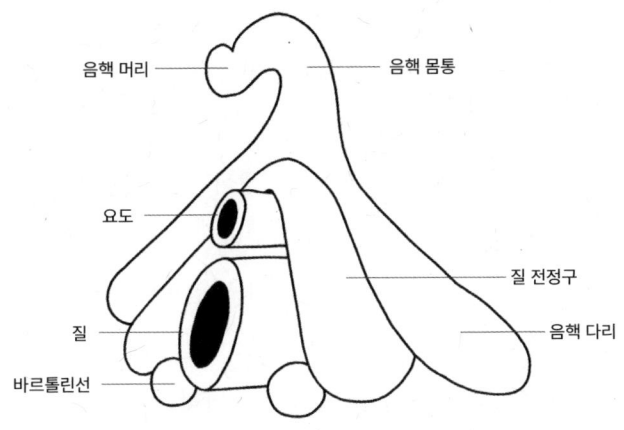

 스켄선은 전립선의 상동 기관입니다. 전립선처럼 방광 앞 요도에 있어요. 바르톨린선은 쿠퍼선의 상동 기관이에요. 바르톨린선액은 윤활제 구실을 해서 외음부 애무나 질 내 삽입 등이 일어날 때 질 입구부터 매끄럽게 합니다.

 그리고 외음부 안쪽에는 음핵이 있죠. 음핵은 밖으로 머리 부분만 살짝 나와 보이지만 사실은 짧은 몸통과 긴 다리가 달려 있습니다. 음핵 다리에 붙어서 질 전정구가 있죠. 음핵 다리와 질 전정구는 요도와 질을 중간에 두고 양쪽으로 벌어져 감싸고 있죠. 질 전정구와 음핵은 음경처럼 해면체 조직입니다. 발기를 한다는 의미입니다. 음경처럼 혈액이 몰려와 들어차면서 부풀어 오르고 커지죠. 다만 백막은 없기 때문에 단단해지지 않습니다. 이런 덕에 음경하고 달리 음핵은 오르가슴을 더 오래 지속할 수 있고, 연속으로 여러 차례 반복해서 절정에 오를 수 있습니다.

생식기를 그릴 때 음핵과 질 전정구를 꼭 그려야 한다고 생각합니다. 왜냐하면 남성형 생식기를 배울 때는 음경이 등장해서 발기와 사정까지 설명하게 되는데, 이런 설명은 남자는 성욕이 강하다는 인식을 남깁니다. 그런데 여성형 생식기를 배울 때는 자궁과 난소, 질을 중심으로 그리지 음핵이나 질 전정구, 소음순 등은 생략하는 경우가 많거든요. 그러다보니 여성의 성은 모성애가 강조되고 임신과 출산을 중심으로 다룹니다. 음핵을 다루지 않으면 여성의 성적 쾌감은 생략되죠. 이런 방식은 음경을 설명하지 않는 경우하고 같은데도 말이죠.

끝으로 하나 더, 요도와 질, 항문은 비교적 가깝게 붙어 있습니다. 그래서 배변을 하고 휴지로 닦을 때 앞에서 뒤로 닦아야 좋다고 말하죠. 자칫하면 나쁜 균이 질이나 요도로 옮겨 올까 봐 그래요. 또한 질에 염증이 있거나 할 때 바이러스나 균이 요도로 옮겨 가기도 쉽습니다. 성관계 뒤 소변을 보라고 하는 조언은 요도에 옮겨 온 균을 씻어 내리라는 뜻이죠. 그렇지만 성관계가 아니더라도 평상시에도 요도로 옮겨 갈 수 있어요. 요도는 길이가 4센티미터 정도로 짧아서 방광까지 세균이 타고 올라와 방광염이 되는 경우도 흔합니다.

요도괄약근을 믿어요

성교육을 하면서 지난 수십 년간 계속 받는 상담 중 하나가 삽입한 뒤 절정에 가기 전에 소변이 나오려는 느낌 때문에 집중을 못해서 오르가슴을 한 번도 느껴 본 적 없다는 고민이었어요. 그래서 먼저 설명하겠습니다. 섹스를 하는 중에 소변이 나오려는 느낌을 받을 수는 있지만 (요실금 증상이 원래 있지 않은 한) 실제 나오지는 않습니다.

원리는 이렇습니다. 좀 전 그림을 다시 볼까요. 질이 45도 정도 기울어져 있다고 했어요. 만약 누운 자세에서 질에 음경이나 손가락이나 딜도 등을 삽입한다고 상상해 보죠. 음경이나 손가락 끝이 질 벽에 닿겠죠. 삽입할 때 각도와 깊이에 따라 질 벽을 통한 압력이 닿는 곳이 요도일 때도 있고, 방광일 때도 있고, 자궁경부와 질이 만나는 자궁질부 앞쪽이나 뒤쪽일 수도 있고, 대장 쪽일 수도 있습니다.

삽입 섹스에서 소변이 나올 듯한 느낌은 방광 쪽에 압력이 가해질 때 받게 됩니다. 그렇지만 요도괄약근은 내가 의식적으로 소변을 보겠다고 결심하지 않는 한 소변이 나오지 않게 요도를 딱 잡고 있습니다. 그러니 배뇨감은 들어도 실제 소변은 나오지 않아요. 불안해하지 말고 섹스에 더 집중해 보세요. 평생 오르가슴을 못 느낀 이유가 이것 때문이라면, 정말 아쉽습니다.

또 하나, 더 중요한 원리도 있어요. 질에 삽입할 때 각도와 깊이에 따라 자극 지점이 여러 개라는 말은 자극을 받을 방법이 많다는 뜻이고, 선호하는 자극 지점이 사람마다 다를 수 있다는 의미죠. 대장 쪽 자극을 좋아하는 사람, 자궁경부 쪽 자극을 좋아하는 사람, 요도 쪽 자극을 좋아하는 사람, 이런 식으로요.

만약 우리가 더 많은 자극을 다양하게 즐길수록 좋은 섹스라고 정의한다면 여성이 섹스에 더 알맞은 몸이 되는 셈입니다. 질과 자궁은 성적 자극에 적극적으로 반응합니다. 우리가 음경 발기만 중요하게 보니 잘 모를 뿐이었죠. 다음 그림을 보세요.

성인의 질은 평균 길이가 9센티미터라고 합니다. 질과 자궁이 자극을 받아들여 반응하기 시작하면 자궁이 점점 위로 올라갑니다. 첫째 그림과 둘째 그림을 비교해 보세요. 방광 위쪽으로 자궁이 올라가면서 질도 함께 늘어나요. 질 입구 쪽은 좁아지는데 자궁경부 쪽 질은 넓게 확장도 됩니다.

자극과 오르가슴에 따른 질과 자궁의 4단계 변화

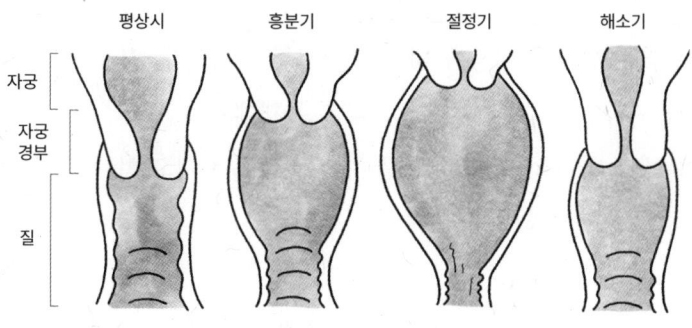

 셋째 그림을 보면 절정에 다다른다고 할 때 질 입구 쪽이 아주 좁아지고 경련이 나듯 빠르게 여러 차례 수축을 거듭합니다. 그런 뒤 다시 원래대로 돌아오죠. 자궁이 내려오고, 질 입구는 넓어지고, 자궁경부 쪽 질도 변화가 보여요.

 질과 자궁, 외음부 쪽으로 몰려들던 혈액이 천천히 빠지고 근육도 이완되는 데 보통 10분에서 15분 정도 걸리죠. 앞서 설명한 대로 음경은 이때 자극한다고 해서 다시 바로 발기할 수 없지만 음핵은 가능합니다. 오르가슴이 한 번 끝난 뒤에 이어서 두 번째나 세 번째 오르가즘을 연속으로 느끼는 멀티 오르가슴이 가능하죠. 이 사실만 봐도 섹스를 즐기는 데 여성이 더 적합하다고 이야기할 수 있어요.

남자와 여자, 가장 닮은 존재

우리는 남자와 여자가 다르다고 자주 말하는데, 사실 남자와 여자는 지구상에서 가장 닮은 존재예요. 이렇게 똑같은 존재가 없어요. 그러니 자꾸 하나는 화성 보내고 하나는 금성 보낼 필요 없이 지구에서 두 존재가 사이좋게 지낼 수 있다고 생각합니다.

그런데 너랑 나랑은 다르다, 하나는 음이고 하나는 양이다, 하나는 하늘이고 하나는 땅이다 하면서 자꾸 차이를 강조해요. 남자는 삽입을 하고 여자는 삽입을 받는다고 하는데, 수동 표현을 쓰기에는 여자 몸이 정말 적극적이에요. 둘 다 적극적으로 섹스를 하지, 한 사람이 이끌고 한 사람은 따르는 식은 아니에요. 그러면 섹스를 이끄는 사람에게 심리적 부담을 주기도 하고, 섹스가 훨씬 더 어려워지기도 하죠.

음핵 머리 부분은 인간 신체에서 단위 면적당 신경이 가장 많이 분포하는 곳입니다. 6밀리미터에서 8밀리미터 정도에 신경 말단이 약 8000개 몰려 있어요. 음경 귀두에 있는 신경이 2500개 정도라고 하니 성적으로 더 최적화된 몸은 여성이라고 해도 틀린 말은 아닙니다.

여성의 오르가슴을 두고 음핵 오르가슴은 미성숙하다는 둥 진정한 오르가슴은 질 오르가슴이라는 둥 학자들끼리 갑론을박을 주고받지만, 신경 쓰지 마세요. 신경 분포는 사람마다 다 다르거든요. 어떤 사람은 질로, 어떤 사람은 음핵으로 오르가슴을 잘 느낍니다. 어떤 사람은 소음순으로 더 잘 느끼기도 하죠.

성에 관한 책을 쓴 남성들은 100명 넘는 여성이랑 섹스한 경험을 늘어놓거나 자기가 얼마나 섹스를 잘하는 사람인지를 자랑해요. 이런 책들에는 공통점이 있어요. 어떤 자극을 어떻게 줘야 하는지 원리를 바탕으로 설명하지 않아요. 여자의 몸은 신비로운데 내가 그 신비를 조종할 줄 안다고 할 뿐이죠.

신경과 자극의 구조를 바탕으로 섹스의 원리를 이해하면 성의 세계가 순식간에 확장되는 경험을 할 수 있어요. 성적 지향이나 성별 정체성에 따라, 나이나 몸의 장애 정도에 따라 원리는 변주되고 응용된다고 깨달았으니까요. 누구나 자유롭고 평등하게 즐길 수 있는데도 지레 한계나 금기의 영역으로 밀어 넣으면 어리석다는 사실도요.

여자도 사정하나요?

정말 많이 하는 질문입니다. 사정이 정액을 내보낸다는 뜻이라면 여성에게는 정액이 없으니까 사정 못 한다고 해야 맞죠. 만약 성교 때 특정한 액체가 분출되는 현상을 사정이라고 부른다면 여성도 사정한다고 답할 수 있습니다.

전립선의 상동 기관인 스켄선이 있으니까요. 전립선도 전립선액을 만들어요. 정액의 60퍼센트 정도는 정낭에서 만들고 25퍼센트는 전립선에서 나와요. 전립선이 액을 만들듯 스캔선도 액을 만듭니다. 스켄선액이 스캔선 배출구를 통해 나오기도 하지만 요도를 통해 나오는 현상을 '여성 사정'이라고 합니다.

모든 여성이 사정을 하지는 않습니다. 사람마다 스켄선 분포가 다르거든요. 여성 중 30퍼센트 정도가 스켄선이 요도 입구 쪽에 몰려 있다고 하는데, 이러면 스켄선 자극을 더 쉽게 받을 수 있어서 사정을 한다고 합니다.

지스팟은 없고 분출되는 액체는 소변이라고 주장하는 사람도 있어요. 사정이 아니라는 뜻이죠. 그러나 성관계 중 소변이 아닌 액체를 배출하는 경험을 실제로 한 사람들이 있기 때문에 여성 사정이 없다고 하기는 어렵습니다.

지스팟이 있는지 없는지도 여전히 논쟁거리인데요. 과학 저널리스트인 레이첼 그로스는 책 《버자이너》에서 이 혼란을 정리합니다. 지스팟이라는 단어는 1980년대 성 연구자 베벌리 휘플이 말해서 유명해졌대요. 휘플이 처음 단어를 만들 때 작고 좁은 한 지점을 의미하는 '스팟^{spot}'이라는 단어를 쓰면서 오해가 생겼다며, 그로스는 지스팟이 꾹 누르면 되는 마법 단추가 아니라 '분비샘들과 음핵의 발기 조직을 포함한 여러 조직이 만나는 복합적 접합부'라고 다시 설명합니다.

혹시 나도 '여성 사정'을 하고 싶다고 생각할 수도 있지만, 너무 아쉬워하지 마세요. 사람마다 다 다른 몸, 다른 성감대, 다른 선호가 있잖아요. 게다가 섹스의 세계는 무궁무진하고요.

질 삽입 섹스의 넓디넓은 세계

쉬운 이해를 위해 먼저 질 내 음경 삽입을 예시로 설명하겠습니다. 몸의 자세에 따라 어떻게 다른지 볼까요. 왼쪽 그림은 한쪽이 누운 자세에서 음경을 삽입할 때(선교사 체위, 정상 체위, 남성 상위 체위)입니다. 방광이 자극돼요. 딱딱한 치구와 까슬한 음모가 음핵 귀두를 자극합니다. 자궁 움직임까지 표시한 이유는 음경이 자궁경부에 닿으면서 피스톤 운동을 할 경우 자궁경부가 충격을 받을 수 있어서 자궁이 이동해 음경하고 충돌하지 않게 해야 한다는 점을 보여 주

자세와 음경 삽입 각도에 따른 자궁의 자리와 자극 지점

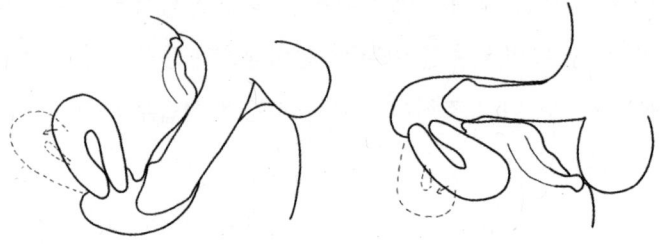

려는 겁니다. 자궁경부에 가해지는 충격을 좋아하는 사람도 있지만 복통을 일으키거나 자궁경부에 상처를 남길 수도 있어 주의해야 합니다.

오른쪽 그림은 한쪽이 엎드린 자세에서 음경을 삽입할 때입니다. 후배위라고 하죠. 이때 부드러운 음낭이 음핵을 자극합니다. 그러니까 삽입할 때 방향도 중요하고, 삽입체만이 아니라 외음부나 음핵을 동시에 자극한다는 사실도 삽입 섹스에서 고려해야 한다는 점도 이해할 수 있겠죠. 이 부분은 3강에서 한 번 더 설명할게요.

또 하나, 질 내벽 특성도 고려해 볼까요. 질에는 신경수용체가 있는데, 질 입구 쪽과 안쪽은 신경수용체 종류가 다릅니다. 입구 쪽은 만지는 접촉, 곧 촉각에 민감한 수용체들이 몰려 있고, 안으로 들어갈수록 압력에 민감한 수용체가 있습니다. 그런데 성적 흥분도가 올라갈수록 안쪽 질 벽이

풍선처럼 확장되는 모습도 이미 봤죠. 그러니 질을 자극한다면 어떤 방법이 더 유용할까요? 음경의 길이는 중요하지 않습니다. 튀어나온 귀두를 활용해서 질 앞쪽 3분의 1 부분을 문지르듯 자극하면 상대의 만족도를 높일 수 있습니다. 질 벽에 압력을 가하는 일까지 고려하면 음경 강직도가 중요합니다.

앞서 설명한 모든 것은 음경이 아니라 손가락이나 딜도로 충분히 가능합니다. 오히려 세밀한 각도 조정과 강직도 유지에는 손가락이나 딜도가 더 낫죠. 그러니 음경이 있다고 해도 꼭 음경만 고집하지는 않아도 됩니다. 음경이 없어서 섹스를 못 한다거나 발기가 잘 안 된다고 인생이 끝난 듯 한탄할 필요가 없다는 뜻이기도 하죠.

딜도나 손가락 활용은 음경 대용이 아닙니다. 밥 먹을 때 숟가락, 젓가락, 포크 등을 바꿔 가며 쓰는 일이랑 같아요. 사랑하는 사람이랑 더 좋은 섹스를 나누고 싶어서 감촉이 더 부드러운 이불을 구하는 일하고 같아요. 음경 중심을 벗어나면 훨씬 더 새로운 세계가 열리죠. 섹스에서 절대 왕좌란 없습니다. 자위라면 자기가 원하는 대로 자기에게 맞게 하면 되고, 상대가 있는 섹스라면 두 사람의 궁합이 중요할 뿐이죠. 이 세상 모든 사람에게 적합한 몸, 체위, 비법이 아니라 지금 내 앞에 있는 사람하고 잘 맞으면 되죠. 바로 이것이 섹스의 원리입니다.

상담하다 보면 체위에 환상을 품은 사람을 정말 많이 만나는데, 다양한 체위를 활용할 줄 아는 능력 자체는 그렇게 대단하지 않아요. 상대방이 어떤 자극을 좋아하는지 모르는 초기에 서로 알아 가는 과정에서 다양한 체위를 하면 좋겠지만, 평생 100가지 체위를 할 필요는 없어요. 그런 능력을 안 갖춰도 섹스를 잘할 수 있어요. 모르면 물어보고, 솔직하게 대화해야죠. 남자니까 섹스를 잘해야 한다거나 주도해야 한다는 부담을 버려요(동성 커플도 마찬가지에요. 부치들에게 하는 말이에요). 섹스에 관한 부담감과 잘하기 위한 노력에 관해서는 3강에서 다루겠습니다.

남자도 유방암 생기는 이유

생식을 다룰 때 잘 빼먹는 기관이 있어요. 성교육 시간에도 다루지 않고 넘어가는 경우가 많아요. 바로 유방입니다. 소중하게 태어난 생명을 키우는 데 필요한 기관일 뿐 아니라 중요한 성감대이기도 하고, 평생 옷을 입거나 거울을 볼 때마다 계속 신경 쓰는 기관인데도 말이죠.

가끔 남자는 수유를 하지 않는데 젖꼭지가 왜 있냐고 질

여성형과 남성형 유방 단면

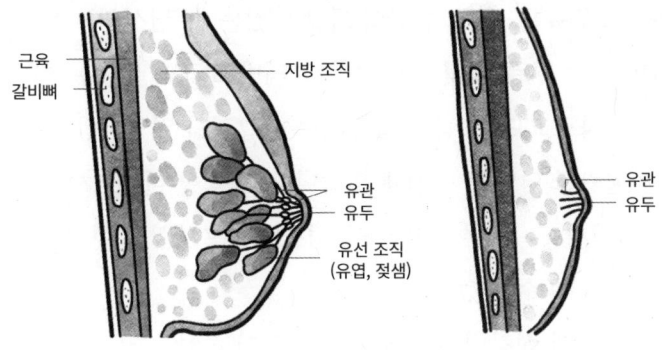

문하는 청소년을 만나요. 그러게요. 왜 그럴까요? 이런 질문을 받으면 뭐라고 답하겠어요? 한번 생각해 보세요.

'유방'이라는 말을 꺼내기 힘들 때 '가슴'이라고 부르기도 하는데, 가슴을 국어사전에서 찾아보면 '목과 배 사이'라고 정의합니다. 흉부라고 부르기도 하죠. 포유류는 젖을 분비하는 유방이 가슴에 주로 있지만 배에 있는 경우도 많아요. 그러니 유방을 가슴이라고 돌려 표현하는 방식은 우리니까 가능한 일이기도 해요.

유방의 구조를 알아볼까요. 단면도를 보죠. 왼쪽 그림이 '여성형'입니다. 유방 주변에 갈비뼈와 근육이 있습니다. 유방은 대부분 지방 조직입니다. 젖꼭지라고 부르는 유두, 유두 주변으로 진한 색깔을 띠는 동그란 유륜, 젖이 나오는 길인 유관이 있죠. 두 성별의 유방을 비교하면 어떤 차이가 보이나요? 유륜, 유두, 유관이 똑같이 있는데, '남성형'에는 소엽이라고 부르는 젖샘이 없네요. 지방 조직이 있기는 한데 양이 다르고요. 그림이 복잡해져서 그리지 않았지만, 신경과 혈관도 당연히 연결돼 있습니다. 혈액이 바뀌어서 젖이 만들어지죠. 신경이 지나가니 성감대라는 사실도 이제는 바로 눈치 챌 수 있겠죠.

유방이 성감대라는 말은 유방 크기가 작든 크든 처지든 봉긋하든 아무 상관이 없다는 이야기입니다. 성감대 기능은 신경이 하니까 유방 모양 때문에 걱정할 필요가 전혀 없어요. 다른 사람이 크니 작니 예쁘니 안 예쁘니 평가할 대상이 아니에요. 유방은 복잡하지 않은 구조에 딱 필요한 만큼 조직을 갖춘, 자기가 할 일을 할 뿐인 실용적인 기관입니다.

이런 유방 구조를 알면 이제 유방을 오해하고 던지는 질문에 간단하게 답할 수 있어요.

첫째, 남자에게 젖꼭지는 왜 있나요?

그 이유는 수정이 되고 나서 아직 태아도 아니고 배아일 때, 곧 성별이 분화되기 전에 이미 젖꼭지가 만들어지기 때문이죠.

인간의 발생 과정을 보면 정자와 난자가 수정된 뒤 수정란이 세포 분열을 하면서 점점 형태를 갖추어 나가게 됩니다. 난소와 정소는 수정하고 나서 7주 때 결정되고, 자궁을 가질지, 정낭과 전립선을 가질지 음핵이 될지 음경이 될지 등은 수정 12주에 이르러야 결정됩니다. 그런데 젖꼭지는 수정 6주가 되기 전에 생기거든요. 그러니 그 어떤 성별이든 젖꼭지가 있기 마련이에요.

둘째, 남자도 유방암에 걸리고 젖이 나오나요?

드라마 〈질투의 화신〉(2016)을 보면 남자 주인공이 유방암에 걸려요. 덕분에 남자도 유방암에 걸린다는 사실이 많이 알려졌죠. 아까 남자 유방에도 유두, 유륜, 유관이 있다고 했죠. 유방암은 90퍼센트 유관에서 비롯됩니다. 그래서 남성도 유방암이 생길 수 있습니다.

유관은 젖이 나오는 길이고, 유엽은 젖을 만드는 이파리 모양 샘입니다. 유엽은 2차 성징 때 특정 호르몬 영향을 받아 만들어집니다. 남성이라고 해도 호르몬의 영향을 받으면 유엽이 만들어지고 젖을 생산할 수도 있죠.

셋째, 유륜 색깔이 짙을수록 성 경험이 많나요?

유륜 색깔은 성 경험이랑 아무 상관이 없습니다. 내가 가진 멜라닌 색소의 양에 따라 정해질 뿐이고 유전의 영향을 받죠. 출산한 뒤 수유를 할 때 유륜은 색이 좀더 짙어지다가 수유가 끝나면 다시 엷어집니다. 아마 이런 변화 때문에 성경험과 유륜 색깔이 관련 있다는 오해가 빚어진다고 생각해요.

넷째, 유방이 클수록 임신을 잘하나요? 유방암이 잘 생기나요? 젖이 많이 나오나요?

앞서 본 유방 구조에서 나온 지방 조직을 잊지 마세요. 유방 크기는 지방이 결정합니다. 유방이 크다고 해서 유엽이 더 많아지지는 않아서 모유 생산량하고 상관없습니다. 유방암도 90퍼센트가 유관에서 발생한다고 앞서 말했죠. 지방 조직에는 암이 생기지 않기 때문에 유방 크기랑 유방암은 아무 상관이 없습니다.

비슷하게 브래지어를 오래 하면 암 발병률이 올라가느냐는 질문도 많이 합니다. 브래지어랑 암은 관련이 없습니다. 노브라를 권장하면서 가끔 암 발병률을 꺼내기도 하는데, 저는 브래지어를 하지 않는 쪽이 건강에 더 좋다고 하면 될 일을 암을 공포를 조장하는 수단으로 활용하는 일은 좋지 않다고 생각합니다. 브래지어를 할지 말지는 각자 원하는 대로 결정하면 됩니다.

다섯째, 유방 자극만으로 오르가슴을 느낄 수 있나요?

이제는 이런 질문에 바로 답할 수 있죠? 제가 유방에도 신경이 있다고 말했으니까요. 성별에 상관없이 누구든 유방 자극을 즐길 수 있고, 쾌감이 아주 강렬해서 오르가슴을 느낀 적 있다고 말하는 사람도 있습니다. 다만 항상 기억해야 해요. 원리가 같은 자극이라 하더라도 언제 어떤 방식으로 자극하냐에 따라 좋을 수도 있고 굉장히 싫을 수도 있다는 사실을요.

질의 응답

정관 수술을 해도 정말 발기나 정력에 아무 차이가 없나요? 실제로 그렇지 않다는 말도 많더라고요.

앞서 배운 내용을 떠올리면 답을 쉽게 찾을 수 있어요. 정삭 설명 기억하죠? 정삭 안에 정관, 혈관, 신경이 있다고 말했죠. 정관 수술은 음낭 주변에서 정삭에 가장 가깝게 접근할 수 있는 부분을 살짝 절개한 뒤 정삭에서 정관만 찾아내 절단하고 양쪽 끝을 각각 묶는 수술입니다. 길이 끊어진 셈이니 부정소에서 정자가 사정관 쪽으로 이동할 수가 없죠. 가끔 묶은 부분이 풀려서 정관이 다시 이어지는 바람에 피임에 실패하기도 했죠. 요즘에는 절단면을 레이저로 살짝 지져서 더 확실히 피임 효과를 냅니다.

자, 그럼 답이 나오죠. 정관 수술은 정관 말고 호르몬이 이동하는 혈관이나 뇌와 신호를 주고받을 신경을 조금도 건드리지 않기 때문에 수술 뒤 발기나 테스토스테론 생산과 분비량에 전혀 영향을 미치지 않습니다. 정액에서 정자는 2퍼센트를 차지할 뿐이고 나머지 98퍼센트가 정낭과 전립선에서 생산되기 때문에 수술 뒤 체감될 만큼 정액 양이 줄어들지 않습니다. 정관 수술을 하고 나서 정력이 떨어지고 섹스가 잘 안 된다고 호소하는 사례도 실제 몸에 이상이 생긴 탓이 아니라 심리적 요인 때문이에요. 신체 구조와 수술의 원리를 이해하면 더 안심할 수 있어요.

정소에서 생산된 정자가 정관을 따라 이동하지 못하면 정소에 고여 있어서 몸에 나쁘다는 말도 하지만, 사실이 아닙니다. 우리 몸은 상상보다 잘 만들어져 있어서 정자는 부정소 안에서 자연 흡수되지 계속 누적돼 모이지 않아요.

정관 수술을 한 뒤에도 정관에 남은 정자가 있겠죠. 이 잔여 정자는 20회 정도 사정을 해야 완전히 배출됩니다. 그래서 6주 정도 지나 검사해서 운동성이 거의 없는 정자 몇 마리만 보이면 수술 성공이고 정자가 많이 나오면 실패라고 보죠.

사춘기가 시작된 청소년에게 성에 관한 이야기를 어떻게 풀어 나가야 할까요? 부모로서, 성교육자로서, 어른으로서 어떻게 해야 좋을지 궁금합니다.

사춘기 전에 성에 관해 아무 말도 않고 지내다가 갑자기 사춘기 때부터 부모와 자녀가 성에 관해 이야기를 할 수는 없습니다. 부부끼리도 성에 관해 전혀 대화를 나누지 않으면서 갑자기 자녀에게 성에 관해 말하려면 어색하죠. 자녀들은 대부분 부모랑 대화하기 싫어하고 사춘기부터 성은 사생활 영역이 됩니다. 내 아이가 어떤 성생활을 하는지 아무리 부모라도 속속들이 다 알 수 없어요. 그러니 청소년과 성에 관해서 이야기를 나누고 싶다면 미리 준비해야 합니다. 이를테면 '나다움 어린이책' 목록처럼 믿을 만한 추천 도서를 어릴 때부터 함께 읽으면서 자연스럽게 이야기를 나누면 좋겠죠.

어떤 사람으로 어떤 인생을 살지에 영향을 미치는 데 '성'보다 더 큰 무엇이 있을까요? 자위나 사정, 월경만이 아니라 한 사람의 인생에 관한 이야기 말이에요. 성에 관해 말하는 일은 세상을 보는 관점, 삶의 가치관 형성, 인생에 관한 성찰 등을 다루는 과정입니다. 한때 아들 방에 티슈를 넣어 주라는 조언이 유행했는데요. 아닙니다(부드러운 휴지든 수건이든 자위 준비와 뒤처리는 본인이 알아서 할 일이죠).

사춘기가 시작되면 몸에 변화가 생기니까 뭔가를 해야 한다는 조바심도 날 수 있어요. 아동기에 대화를 많이 나누지 못한 사이라면 지금이라도 시작해야겠죠. 갑자기 성에 관한 주제로 대화하기 힘들다면 먼저 학문적으로 몸에 관해 알아보자고 접근하는 방법도 쓸 수 있습니다. 제가 한 강의처럼 말이죠. 성에 관한 이야기를 해부학 서적을 펼쳐 놓고 같이 보면서 이야기를 나누며 시작할 수 있어요.

청소년들이 인터넷에 올리는 글을 보면 보면 정자와 정액의 차이조차 모르는 경우도 많습니다. 자위를 오랫동안 안 하니까 정액이 꽉 차서 아랫배가 아프다는 글이 진짜인 양 돌아다녀요. 정자와 정액이 체내 흡수되는 현상을 몰라서 그렇죠. 배가 아프지 않으려면 남자는 주기적으로 섹스든 자위든 반드시 해야 한다는 논리가 남성 중심적 가치관을 강화시키죠.

'사춘기=성욕 폭발' '사춘기=감정 기복'은 아니에요. 체내 호르몬 분비에 큰 변화가 생기는 시기는 맞지만, 변화에 관한 해석이 중요하죠. '이제 다 컸네'라든지 '시집가도 되겠다' 같은 말들이 대표적으로 절대 해서는 안 되는 이야기입니다.

―― 나는 얼마나 알고 있나 정답 ――
① X ② X ③ X ④ X ⑤ X ⑥ O ⑦ X

2강

성욕과 생식 사이의 방황 멈추기
오르가슴보다 더 좋은 게 있다고?

성욕이나 오르가슴에 방점을 찍으면 타락한 듯 느껴지고 생식과 생명 중심으로 말하면 너무 점잖 빼는 듯해서 어떤 태도를 취해야 할지 어렵죠. '섹시하다'거나 '정력이 세다'는 말 말고 성을 표현할 말은 없을까요. 섹스를 하고 싶은지 아닌지, 내가 느낀 감정이 오르가슴인지 아닌지 모르겠다고 토로하는 사람도 많아요. 이제 방황을 멈추고 나의 길을 찾아봐요.

나는 얼마나 알고 있나

다음 문장을 읽고 맞음(O)이나 틀림(X) 표시를 하거나 질문에 자기만의 생각을 적어 보세요. 답은 2강 본문 안에 있어요.

① 섹스는 장점이 무엇일까요? 자기만의 관점에서 섹스의 좋은 점을 적어 보세요. (   )
② 섹스는 단점이 무엇일까요? 자기만의 관점에서 섹스의 부족한 점이나 나쁜 점을 적어 보세요. (   )
③ 잠을 자다가 발기하고 사정하는 '몽정' 같은 일은 몸 구조가 다르기 때문에 여성에게는 일어나지 않는다. (O, X)
④ 사랑에 빠지면 섹스가 하고 싶어지는 변화는 당연하고 자연스런 원리다. (O, X)
⑤ 연애 중에는 되도록 자위를 하지 않아야 연인하고 성관계를 맺을 때 만족도를 높일 수 있다. (O, X)
⑥ 나이가 들면 성감대는 달라질 수 있다. (O, X)

생식기? 성기?

1강이 생식 중심적이라고 생각할 수 있는데요. 아닙니다. 생식기 중심이었어요. 동성 간이든 이성 간이든, 트랜스젠더이든 시스젠더이든, 장애가 있든 없든, 각자 자기 몸에 있는 기관을 중심으로 생각해야 하니까요.

생식 중심 성교육은 엄청 다양한 이유와 복잡한 맥락이 있는 인간의 성적 행동을 오로지 생식, 곧 아기를 낳고 싶어 한다는 속성에 연결시킵니다. 곧 성을 이성애 중심, 남성 중심, 성인 중심으로 만듭니다. 생식에 부합하면 정상이고 벗어나면 비정상, 변태로 낙인찍죠.

남성은 자기 유전자를 많이 퍼트리고 싶어서 되도록 많은 여성을 만나 섹스하고 여성은 자기 아이를 잘 키우는 데 더 관심이 많아서 되도록 돈 많은 남자를 만나려 한다며, 대단히 과학적인 원리인 양 설명하는 학자들도 있습니다. 오르가슴은 정자를 더 잘 받아들이려고 여성에게 생긴 기능이라는 주장도 있죠. 그렇지만 한번 생각해 봐요. 인간의 모든 성행위가 임신과 출산을 목표로 할까요? 그렇다면 정말 슬픈 일이죠. 당장 자위부터 법으로 금지해야 할 테니까요.

그런데 이토록 생식 중심적이면서 동시에 생식기에 관한 이야기는 금기시해요. 어제 먹은 음식이 소화가 잘 된다든지, 운동을 하니까 폐활량이 좋아진다거나, 웬일인지 심장이 두근거린다는 말도 모두 신체 장기에 관한 이야기이지만 금기시하거나 부끄러워하지 않아요. 소화기, 순환기, 호흡기처럼 생식기도 신체 기관이니까 일상에서 쉽게 이야기를 꺼낼 수 있어야 합니다. 성을 생식만 중심으로 생각하면 안 되지만, 생식기는 좀더 잘 알아야 하지 않을까요.

몇 년째 계속 듣는 질문이 있습니다. 성교육을 할 때 생식기라고 해야 하는지 성기라고 불러야 하는지 묻는 질문인데요, 이 둘은 다른 단어입니다. 성에 관련한 기관이라는 의미일 때는 성기性器, sexual organ로, 생식에 관련한 기관이라는 의미일 때는 생식기生殖器, genital organ로 부르면 되죠. 확실히 인간의 성은 생식을 넘어서 더 넓은 의미를 가지니까요. 같은 기관을 성기라고 부를 수도 있고 생식기라고 부를 수도 있습니다. 때에 맞춰 골라 써야겠죠.

나만의 정의가 필요한 섹스

저도 처음에는 성에 관심이 없었어요. 사랑하는 사람을 만나면서 어떻게 섹스해야 할까 궁금해졌죠. 그 사람도 저도 아프지 않고 행복하게 살고 싶어서 공부하게 됐어요. 그래서 저는 성에 관한 관심이 곧 자기 삶에 관한 관심에서 비롯되기를 바랍니다. 성에 관해서 공부하는 일이 앞으로 어떻게 살지를 진지하게 고민하는 일하고 같다는 사실을 안다면 우리가 사는 세상은 분명 한결 더 나아지지 않을까요.

흔히 인간이 섹스를 하는 이유로 생식, 쾌락, 사랑을 꼽습니다. 이 세 가지만 있을까 의심도 들지만, 의심은 잠시 접어 두고 먼저 이 세 가지 전제부터 살펴볼게요.

첫째, 생식입니다. 인간은 배란기가 따로 없습니다. 다른 동물은 배란기와 발정기가 정해져 있어서 겉으로 드러나는데, 인간은 배란기와 발정기가 따로 없고 겉으로 드러나지도 않아요. 이렇게 인간이 창조된 사실은 인간에게 생식이 최우선은 아니라는 의미로 생각할 수도 있지 않을까요. 만약 모든 인간이 생식을 위해 섹스를 해야만 한다면 애초에 자연적 상태에서 불임도 없어야 합니다. 생식이 중요하지 않다는 뜻은 아닙니다. 섹스를 다룰 때 생식을 포함하되, 그 안에 갇히지 말고 넘어서기도 해야 한다는 거죠.

둘째, 섹스는 쾌락 추구라고 하기도 하죠. 맞아요. 쾌락은 굳이 삽입 섹스가 아니어도 누릴 수 있고, 자위를 통해서도 충분히 즐길 수 있죠. 이성 간이든 동성 간이든 무슨 상관이 있겠어요. 삶에 활력과 즐거움을 주는 섹스에 위반되는, 곧 섹스를 폭력적으로 사용하는 데 더 신경을 쓰면 되겠네요. 안타까운 사실은 섹스를 쾌락이라고 하면서도 이성애 중심, 남성 중심으로 해석한다는 점입니다. 우리는 지금 인간의 삶을 이야기하고 있다는 사실을 잊지 말자고요.

셋째, 사랑하니까 섹스한다는 말은 어떤가요. 멋진 말이지만 위험하기도 하죠. 어느 정도 사랑할 때 섹스하면 될까요? 내가 느끼는 감정이 사랑인지 아닌지는 어떻게 확신하죠? 나는 사랑하는데 상대는 나를 안 사랑하면 어떡하죠? 사랑을 위해서 섹스를 한다고 정해 버리면 섹스는 수학 미적분보다 더 어려운 문제가 되고 말아요. 일단 사랑인지 아닌지부터 명확하게 인증받은 뒤 섹스를 해야 할 테니까요. 그것도 두 사람이 동시에 말이죠.

다시 말해 생식이나 쾌락, 사랑은 섹스랑 연결돼 있지만 반드시 연동되지는 않아요. 생식, 쾌락, 사랑 없이도, 별 다른 이유 없이 자위를 할 수도 있고 같은 이유로 안 할 수도 있어요. 실제 우리 일상은 그리 단순하지 않고, 사람들은 복잡다단한 현실 속에서 살아갑니다. 이런 와중에 즐거움을 누리고 싶기도 하고, 아이를 갖고 싶기도 하고, 누군가를 절절히 그리워하기도 합니다.

우리는 더 많은 말들로 섹스를 표현하고 정의할 수 있어야 해요. 그러려면 나만의 정의가 필요합니다. 섹스란 무엇인가, 성이란 무엇인가 하는 정의가 필요해요. 나만의 정의가 있으면 다른 사람에게 그 정의를 설명하고 당신의 정의는 뭐냐고 물어보게 되지 않을까요. 내 정의가 존중받아야 하듯 타인의 정의를 존중한다면, 섹스는 많은 대화를 기반으로 평화롭고 안전하면서 뜨거운 것이 됩니다.

"좋아하는 사람이 있고, 사랑하는 사이는 맞는데, 그 사람이랑 섹스하고 싶은 생각은 안 들어요."

당연히 그럴 수 있습니다. 섹스하고 싶은 마음하고 사랑은 원래 곧바로 연결되지 않기 때문에 사랑하는데 섹스는 안 하고 싶을 수도 있어요. 애정 표현은 학습을 거친 결과이기도 해요. 누군가 내게 사랑을 드러낼 때 다른 이들이 이미 쓰는 방식으로 표현하지 않으면 저 사람은 나를 사랑하지 않는다고 생각하기 쉽습니다.

사랑하면 몸이 원한다는 말, 들어본 적 있을 거예요. 흔히 쓰죠. 다 학습을 거친 결과예요. '몸이 원한다'는 말, 곰곰이 생각해 보면 신기하지 않나요? 몸이 뭘 원하는데요? 몸이 원한다는 말은 결국 마음이 원한다고 표현할 틈도 없을 만큼 섹스하려는 의지가 강하다는 의미예요. 원초적인 몸이 원하니 더 진실하다고 평가하죠. 마음보다 몸이 더 솔직할 때가 없지는 않지만, 몸이 늘 마음을 앞지르지는 않아요. 세상의 잣대를 벗어나 나만의, 우리만의 사랑의 정의, 섹스의 정의를 세우기 위한 본론으로 들어가겠습니다.

성욕이 다 똑같을 리 없잖아

'성욕은 본능이다, 누구나 성욕이 있다'가 아니라 '성욕은 본능이 아니다. 누구나 성욕은 없다'고 한 번 말해 볼까요? 그러면 혹시 '말도 안 돼. 어떻게 사람이 성욕이 없을 수가 있어. 당장 나만 해도 성욕이 강한걸'이라고 할 수 있어요. 좋습니다. 만약 내가 그렇다는 사실이 '성욕이 있다'를 뒷받침하는 논리적 근거가 된다면 '앗, 말도 안 돼. 어떻게 모든 사람이 성욕이 똑같이 있을 수 있어? 당장 나만 해도 성욕이 없는데'도 성립합니다. 나한테 있다는 사실이 곧 남에게도 있어야 한다는 근거가 되지는 않아요. 그동안 성욕을 본능이라고 믿은 이유는 거스를 수 없는 진리이기 때문이 아니라 우리 사회가 본능이라고 계속 말해 온 탓입니다. 특히 성인이라면, 남성이라면 섹스하고 싶은 강렬한 욕구나 기대, 상상이 있어야 한다고 했죠. 남성이 섹스에 관심이 없다면 비정상이라며 놀렸어요.

　섹스를 하고 싶은 의욕, 기대, 상상이 없든 있든 정상입니다. 내 성욕이 옆 사람하고 크기와 부피와 무게, 질감과 형태가 같을 수는 없습니다. 그저 각자 자기만의 성욕을 가지고 있죠. 만약 모든 사람에게 '공통된 성욕'이 있다면 모두 '자기만의 고유한 성욕'이 있다는 점에서 '공통될' 뿐입니다.

그러니 다른 사람이랑 비교하지 마세요. 다르다는 사실 자체만으로 부끄러워하거나 문제 있는 사람이라고 생각하지 마세요. 나는 별로 성욕이 없다고 말할 때 그 뜻은 뭔가가 나에게만 '없다'가 아니라 내 나름의 성욕이 '있다'입니다.

"시도 때도 없이 섹스하고 싶어. 내가 성욕이 되게 많은가 봐." 이렇게 말하는 경우도 있는데요. 여기서 섹스하고 싶다는 느낌은 우리 몸 어디에서 느낄까요? 뇌일 수밖에 없겠죠. 내 몸 어디에서 느끼든 뇌가 신호를 접수해야 해석할 수 있으니까요. 성욕을 느끼면 뇌가 하는 반응이라고 여겨야 하는데 갑자기 이유도 모르게 신비한 일이 벌어지고 주체할 수 없는 강한 힘이 작동한다며 합리화합니다. 드라마를 보면 연필 한 자루 떨어트려도 눈이 맞고 자전거 타다가 넘어져도 사랑이 시작되죠. 이런 학습된 환상 때문에 뇌도 빠르게 반응합니다.

성욕이 많다거나 적다는 문제로 자기 평가를 해 보면 확실하게 알 수 있어요. 이런 방식이에요. 성욕이 많다고 할 때는 무슨 이야기일까요? 옆 사람보다 많다는 뜻일까요? 아니면 주변 사람 100명보다 많다는 뜻일까요? 아니면 인류 역사상 인간의 평균 성욕보다 많다는 뜻일까요? 이 기준을 합의한 적 있나요? 일주일에 두 번 하고 싶으면 많나요? 적나요? 내가 성욕이 많다고 말할 때 기준을 굳이 잡아야 한다면 과거의 나여야 하지 않을까요. 과거의 나하고 현재의 나를 비교한다면 일단 기준은 확실해요.

성욕은 절대적인 기준이 없습니다. 저마다 자기만의 성욕이 있을 뿐이죠. 그러니 함께 살고 있는 커플이라도 당연히 성욕이 다를 테고, 이 차이를 서로 잘 맞추는 작업이 커플 생활에서 핵심이 되죠.

섹스하고 싶다는 말

오르가슴을 느끼고 싶은지, 누군가하고 함께 어떤 행위를 하고 싶은지 구체적으로 생각하고, 선택하고, 결정할 수 있어야 합니다. 사람들이 섹스하고 싶다고 생각하는 순간에 밖으로 나가 누군가를 만난다고 이야기하는데, 그래도 돼요. 나쁘지 않아요. 하고 싶다고 느낄 때 할 수 있는 방법은 아주 많아요. 자위를 할지, 자위를 하면 도구를 사용할지, 귀찮아서 아예 안 할지, 나가서 누구를 만날지, 만나서 어떻게 할지, 어떤 방식을 쓸지 등 생각할 거리도 많죠.

여러 선택지에서 하나를 골라야 한다면 내가 뭘 가장 원하는지 생각해야 해요. 자위는 싫고 파트너가 꼭 있어야 한다면 나라는 사람은 섹스하기 전에 나누는 다정한 대화나 따뜻한 피부 접촉을 원하는 유형이죠. 특정한 사람하고 섹스하고 싶다면 많은 사람 중에 왜 이 사람인지 생각해야 하고요. 외로워서 섹스하고 싶다고 생각한다면 나한테는 외로움이 큰 화두이고 해결해야 하는 숙제구나 생각할 수 있죠. 외로움은 무척 넓고 깊은 감정이기 때문에 섹스가 일시적인 방편은 될지 몰라도 완전한 해결책일 수는 없어요. 마지막으로 상대가 있어야 한다면 나만큼 상대도 하고 싶은지를 먼저 헤아려야겠죠.

성욕과 나이의 관계

성욕이 나이에 따라 영향을 받을까요? 나이가 들어 가면서 호르몬 분비량, 신경 민감도, 근육량 등 몸이 달라지는데 성욕도 당연히 영향을 받겠죠. 다만 영향을 받는다는 사실이 곧 더 나빠진다는 의미는 아닙니다.

우리가 나이를 중심으로 성욕을 규정할 때 저지르는 실수가 있어요. 사실 앞뒤가 안 맞는 말을 청소년 대상 성교육에서 하죠. 2차 성징이 시작되고 나서 10대부터 20대 초반까지 성 호르몬과 성장 호르몬 둘 다 분비량이 확 올라갑니다. 그런데 대개 부모님이 공부에 방해된다면서 금욕하라고 하죠. 한창 혈기 왕성할 때는 섹스하면 안 된다고 말리면서 나이 들면 성욕이 줄어들거나 섹스하기 힘들다며 한탄해요. 그러니 섹스를 많이 하면 젊어질 수 있다는 착각도 퍼집니다. 젊음을 유지하려고 섹스를 활용한다는 식이죠. 위력 성폭력이 그렇게 벌어집니다. 돈과 권력을 이용할 뿐인데 자기한테 여전히 성적 매력이 있다고 착각해요. 나이가 들어도 여전히 섹스를 잘하고 있으니까 나이에 영향 받지 않는 사람이라고 생각하죠.

　나이는 당연히 영향을 미칩니다. 제가 이때까지 말한 원리에 따르면 나이에 따라서, 변화하는 몸에 따라서 새로운 섹스 방법을 찾아야 합니다. 늘어난 나이만큼 더 여유있게, 넉넉한 마음으로 이것저것 시도해 볼 수도 있어요. 노년의 성에 관해서는 4강에서 좀더 자세히 다루겠습니다.

성욕의 차이, 사랑의 마음

커플일 경우 성욕의 차이가 곧잘 갈등의 원인이 되죠. 예전에 받은 질문 중에 애인이 섹스에 도통 관심이 없어서 어떻게 해야 할지 고민이라는 사연도 있었습니다. 상대의 의사를 존중하니까 어쩔 수 없어 참고 있지만 자기는 친밀감을 나누고 싶을 뿐인데 계속 거절하니 서운한 마음이 든다고요. 이 질문이랑 똑같지는 않아도 커플이라면 성욕 차이를 둘러싼 갈등을 겪는 일이 흔합니다. 이런 문제는 어떻게 해결해야 할까요? 섹스하고 싶은 마음이 없는 상태와 섹스를 하기 싫은 마음은 달라요. 섹스를 하기 싫은 마음은 분명한 결정 상태이고 이런 선택을 하게 된 전후 맥락이 있습니다. 하고 싶은 생각이 없다면 지금은 별로 불만이 없는 상태, 곧 평온한 상태죠.

    섹스를 하고 싶지만 하기 싫다는 생각이 더 강해서 거부할 수 있습니다. 전후 맥락이 있다고 말했는데요, 여러 이유가 있겠죠. 아플까 봐, 임신할까 봐, 성병에 감염될까 봐, 관계가 어그러질까 봐 걱정이 들어서, 지금 섹스하면 옳지 않다고 생각해서 등을 비롯 쉽게 상상할 수 없는 많은 이유가 있을 수 있어요. 그러니 그 이유를 쉽게 추측하지 말고, 나를 사랑하지 않느냐고 의심하지 말고, 먼저 서로 이야기를 나눠야죠. 해결할 수 있는 이유인지 아닌지, 시간이 필요하니 기다려야 하는 일인지 등을 파악하고 서로 미래를 위한 결정을 내려야 해요.

    섹스가 싫은 것이 아니라 섹스에 큰 관심도 안 생기고, 가끔 다른 사람들처럼 나도 섹스를 하면 어떨까 하는 생각은 들지만 실행할 만큼 의욕은 생기지 않아 잠깐의 상상으로 끝나는 사람도 있어요. 자기 마음에서는 사랑하고 충돌하지 않아서 편안하지만, 섹스도 하고 싶은 상대는 서운한 마음이 당연히 들어요. 그렇다고 이런 이유로 애인이랑 헤어질 수는 없다고 생각한다면 문제 해결에 접근하는 경로를 바꾸어 보죠. 사랑하는 사람끼리 친밀감을 표현하는 방법이 섹스밖에 없을까요? 친밀감은 정말 다양하게 드러날 수 있어요. 무엇보다 상대가 원하는 방식으로 친밀감을 표현해야 상대방도 친밀하다는 느낌을 받겠죠. 그러니 섹스를 거절당해서 서운한 내 마음만큼 원하지 않는 섹스를 제안받고 늘 거절해야 하는 연인도 마음이 서운하죠.

각자 서운함을 털어놓고, 서운할 수 있다는 사실을 인정해 주고, 서로 양보하고, 문제 해결을 위해 우선순위를 정해서 이것저것 하나씩 시도해 보자고 이야기 나누기를 바랍니다. 이때 대화 목표가 '어떻게 하면 우리가 섹스를 할 수 있게 될까'가 되지 않게 조심해야 해요. 섹스를 하는 방향과 안 하는 방향 둘 다 가능성을 열어 두고 두 가지 상황을 다 확인하는 쪽으로 가야겠죠.

깊은 이야기를 나눈 결과, 이별을 선택할 수도 있어요. 나쁜 종착지만은 아니에요. 서운함은 작은 감정처럼 보이지만 쉽게 쌓이고 쉽게 없어지지도 않아서 결국은 서운함이 쌓여 확 폭발하게 되죠. 그러니 꾹 참는 방식이 아니라 그때 그때 적극적으로 해결하려 노력하는 편이 낫고, 이런 노력을 기울여도 본질적인 차이 때문에 자주 어긋난다면 가장 좋은 해결책은 헤어지고 나랑 더 잘 맞는 사람을 만나는 겁니다. 지금 이 사람을 사랑하지만 이 사람하고 나누는 사랑이 여기가 끝일 수도 있겠죠. 헤어질 가능성까지 염두에 두고 이야기를 풀어 가기 시작하면 내가 뭔가를 조금 더 감당하고 포기해야겠다는 생각도 하게 돼요. 꼬인 실타래가 풀릴 가능성도 생기죠.

친밀감의 표현이 섹스일 수도 있지만, 친밀감을 다른 방식으로 표현하면 더 편안한 사람도 있습니다. 정말 내가 친밀감을 원하는지, 그 친밀감이 섹스만을 통해 구현되는지 한번 생각해 봐요. 사람들이 하는 많은 애정 표현은 사실 학습의 결과죠. 이것만 기억해요. 섹스하고 싶은 마음이 들지 않는다고 해서 사랑이 아니라고 할 수는 없죠. 사랑한다고 해서 반드시 어떤 스킨십을 저절로 하고 싶어지지도 않고요.

그렇지만 동시에 이 사실도 기억해야죠. 사랑은 마음속에 있지 않고 일부러 겉으로 드러내려 애쓰지 않으면 전달되지 않을 수 있어요. 내 안에 사랑이 많아도 상대가 알지 못한다면, 느낄 수 없다면, 그 사랑은 어떤 의미가 있을까요? 섹스를 할 마음은 없을 수 있지만 사랑의 마음이 없지는 않다면, 사랑을 전달할 방법을 적극 찾아야겠죠. 그럼 두 사람은 대화를 더 넓게 할 수 있어요. '한다'와 '안 한다' 중에서 하나만 고르는 일이 '성 문제'는 아니니까요.

원래 '그런' 섹스는 없다

우리 한번 상상해 볼까요? 사고 실험인데요. 우리가 사는 세상에 새로운 규칙이 생겨요. 남성은 여성이랑 섹스를 하고 나면 끝날 때마다 반드시 평가를 받아야 해요. '당신은 60점입니다'나 '당신은 90점입니다' 식으로 전광판에 점수가 떠요. 이런 세상에서도 남성들은 본능적으로 성욕이 정말 강해서 여성만 보면 섹스하고 싶어한다는 말이 지금처럼 통용될까요?

지금 우리가 사는 세상은 남자는 어때야 한다거나 여자라면 어때야 한다는 성별 고정 관념과 성적 편견이 여전히 단단해요. 여성다움은 주로 성적 평가 대상으로 다뤄지고 남성다움은 주로 성적 능력 과시로 인정받는 세상이니까, 성별에 따라 섹스는 다른 의미로 작동하죠. 성별에 따라 섹스를 어느 정도로 하고 어떻게 해야 하는지가 이미 정해져 버린다면, 나는 어떤 섹스를 하고 싶은지 스스로 질문할 기회를 얻을 수 없죠. 슬픈 일이에요. 섹스를 하고 싶은지 아닌지, 뭘 원하는지를 생각할 겨를도 없을 테니까요. 주변에서 끊임없이 '너는 남자니까'나 '너는 여자니까'라는 핑계를 대며 자꾸 한쪽 방향으로 떠밀어요.

이렇게 왜곡되고 답답한 성 규범과 성 문화에서 벗어나, 성별을 기준으로 하지 말고 섹스에 관해 말하는 연습을 해 볼까요. 이렇게 질문을 던져 볼게요. 자기 스스로 생각하는 섹스의 장점과 단점은 무엇인가요?

저는 섹스의 장점이 고유한 만족감이라고 말하고 싶습니다. 섹스는 확실히 섹스를 통해서만 느낄 수 있는 쾌감이 있어요. 정확히 뭐라고 설명하고 묘사해야 할지는 모르겠지만, 섹스를 통해 느끼는 어떤 좋은 기분과 만족은 맛있는 밥을 먹거나 땀을 흠뻑 흘리며 즐겁게 운동을 하거나 큰 칭찬을 들을 때 받을 수 있는 느낌하고 달라요. 뭐가 더 좋다는 비교가 아니라 오로지 섹스를 통해서만 얻을 수 있는 고유한 느낌이 있다는 의미예요. 섹스만이 지닌 매력이 있다는 점이 섹스의 장점이라고 생각해요.

섹스의 단점은 섹스보다 더 좋은 것이 세상에 많다는 점이죠. 섹스는 특별하지만 최고는 아니에요. 섹스 말고도 세상에는 즐겁고 기쁘고 편안하고 나를 행복하게 해 주는 것이 많아요. 그래서 섹스는 살다 보면 우선순위에서 밀리기 쉬워요. 섹스의 열정이 배고픔과 피곤함을 이기는 경우가 아예 없지는 않지만, 연애 초기를 제외하면 쉽게 일어나지 않는 일이죠.

물론 제 생각일 뿐입니다. 여러분은 어떤가요? 확실한 사실은 섹스의 장점과 단점은 내가 뭘 선택해도 '잘했군. 괜찮네'라는 결론으로 이끌어 준다는 점이죠. 특별한 매력을 선택하든 편안한 일상을 선택하든, 더 좋은 선택을 한 건 맞으니까요.

진짜 오르가슴

성인 대상 성교육을 할 때 빠지지 않고 나오는 질문이 있다면, 바로 이겁니다. '제가 받은 느낌이 오르가슴이 맞나요?', '오르가슴이란 대체 뭔가요?', '오르가슴을 느끼는 척하다가 평생 한 번도 못 느낄 수도 있나요?'

오르가슴을 느낀 적 없다고, 섹스할 때 받은 느낌이 오르가슴이 맞는지 모르겠다고 이야기하는 사람이 많아요. 왜 그럴까요? 오르가슴을 묘사한 글들을 보죠.

"중압감이 어마하게 축적됐다가 드디어 감각을 전혀 느끼지 못하는 시기가 찾아오는데, 갑자기 한꺼번에 사라지면서 쾌감과 안도가 느껴지고, 등과 다리를 통해 전달되는 강렬한 긴장과 함께 흥분이 고조되다가, 5초 동안 뻣뻣해지더라."

"지금까지 한 경험 중에 가장 만족스러웠다."

"하늘을 나는 기분이었다. 구름 위에 떠 있는 듯했다. 별나라를 갔다 왔다."

오르가슴을 자기가 느낀 대로 묘사하면 이렇게 제각각이에요. 하늘을 날아 본 적이 없어도 하늘을 나는 듯하다고 표현해요. 숨 넘어갈 듯하고, 만 볼트 전기가 통하듯 짜릿하고, 온몸이 터질 듯하다는 묘사만으로 내 느낌하고 다른 사람이 받은 느낌이 똑같은지 알기 어렵죠. 그래서 학자들은 오르가슴을 신체 반응으로 명확하게 정의 내리려 시도했습니다. 그중에서 인간의 성적 반응을 연구한 윌리엄 마스터스 William H. Masters와 버지니아 존슨 Virginia E. Johnson의 오르가슴 4단계 모델이 유명합니다. 이 모델에 따르면 오르가슴은 동공이 커지고 심장 박동이 빨라지고 혈압이 오르고 근육이 긴장해 수축하는 현상입니다.

1단계는 평상시 상태에서 심장 박동이 빨라지고 혈압이 오르는 흥분기입니다. 전희를 통해서 흥분기를 만들어 낼 수 있죠. 이때 바르톨린선과 질 내벽에서 분비물이 나와 질과 소음순을 촉촉하게 적십니다. 같은 단계에서 음경으로 혈액이 몰리면서 해면체를 가득 채워 음경이 발기하죠.

그다음이 2단계 고원기인데, 질 입구가 좁아지고 자궁이 위로 올라가면서 질은 길어지고 또 자궁경부 쪽 질 벽이 부풀어 확장되기 시작합니다. 흥분기에서 고원기까지 온몸으로 자극이 퍼지는 듯하고 극치감을 향해 계속 상승하는 느낌을 받습니다. 유방에 피가 몰리면서 커지고 젖꼭지는 딱딱해집니다. 유방과 젖꼭지에 나타나는 이런 반응은 남성에게도 똑같이 생깁니다. 발기가 되면 음경은 더욱 커지고 단단해지죠. 피스톤 운동을 하게 되죠.

그리고 마침내 3단계, 오르가슴기에 도달합니다. 오르가슴의 최정점을 찍은 듯하다면 오래 머무를 수는 없습니다. 질 입구 쪽 근육이 빠르고 강하게 여러 차례 수축합니다. 혈압 상승, 동공 확대, 맥박과 호흡도 매우 가빠지죠. 똑같이 음경에서도 사정관이 빠르게 여러 차례 수축을 하며 사정을 하게 됩니다.

앞서 오르가슴을 묘사하며 나온 '따뜻한 안정감을 준다'는 표현은 정확히 말하면 절정의 순간이 아니라 절정을 찍고 난 다음 순간을 가리킵니다. 다시 말해 오르가슴은 절정에 이르는 딱 한 지점만 포함하는 단어가 아니라 점점 고조되다가 해소되는 순간까지 아우르는 단어입니다. 오르가슴에서는 편안함을 느낄 수 없어요. 몸의 모든 근육이 긴장된

남성 성 반응 주기

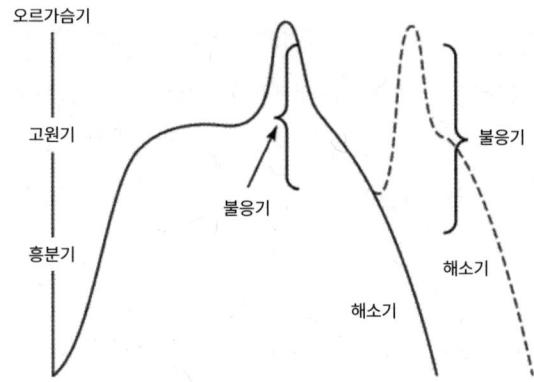

여성 성 반응 주기

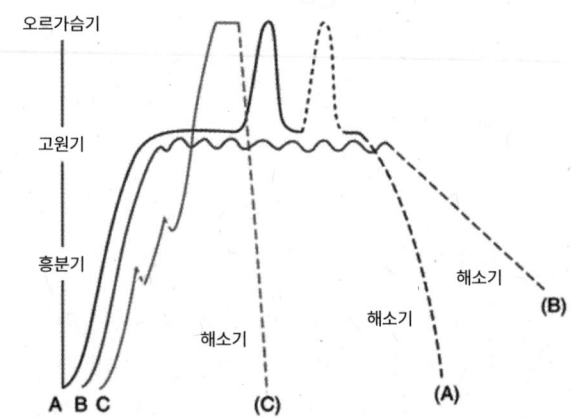

상태이기 때문에 결코 편안할 수 없어요. 평소에 온몸이 이런 정도까지 긴장할 일이 없는데, 강하게 긴장하다가 빠르게 풀리면서 편안함을 느끼죠. 오르가슴이 지닌 특별함은 여기서 옵니다.

마지막 4단계가 해소기입니다. 음경과 음낭, 음핵과 외음부로 몰리던 혈액이 다시 풀립니다. 평상시 상태로 질과 자궁이 돌아오고, 음경의 발기가 사라지죠. 해소기는 사람마다 시간이 다릅니다. 여성 성 반응 주기 그래프를 보면 에이(A), 비(B), 시(C) 표시가 있어요. 시 곡선은 흥분기에서 오르가슴까지 거침없이 쭉 상승한 뒤 극치감을 일정 정도 유지하다가 해소기에서도 빠르게 내려갑니다. 비 곡선은 흥분기에서 고원기까지 다다른 뒤 오르가슴까지 오르지 않지만 꽤 오래 성적 흥분을 유지하며 즐기며, 해소도 천천히 완만하게 진행됩니다. 에이 곡선은 한 번 오르가슴에 도달하고 해소가 되기 전에 이어서 두 번째 오르가슴을 느낍니다. 이 현상을 멀티 오르가슴이라고 하죠.

오르가슴을 느끼기 힘든 이유

남성 성 반응 주기 그래프를 보면 불응기가 있습니다. 불응기는 음경해면체에 몰린 혈액이 빠져나가는 시간이에요. 곧 자극이 다시 가해져도 음경이 발기하는 반응을 보일 수 없다는 의미입니다. 불응기는 사람마다, 나이에 따라 30분부터 12시간이나 24시간까지 다 달라집니다. 여성은 불응기가 없습니다. 음핵과 생식기 주변으로 모인 혈액이 빠져나가는 데 걸리는 시간이 10분 정도여서 이 시간 안에 다시 적절한 자극을 느끼면 고원기에서 다시 오르가슴기로 갈 수 있습니다.

멀티 오르가슴이 가능하다는 점이 여성과 남성의 차이라는 주장이 거의 정설이었지만, 얼마 전 남성도 멀티 오르가슴을 느낄 수 있다며 단련하는 비법을 알려 준다는 글을 인터넷에서 심심찮게 볼 수 있습니다. 그런 비법을 참고할지 말지는 개인이 선택할 문제입니다. 다만 저는 꼭 멀티 오르가슴을 느껴야 하는 이유부터 생각해 보자는 말은 하고 싶습니다. '멀티 오르가슴이 좋다더라', '진짜 대단한 남자가 된다더라' 같은 말들 때문이 아니기를 바랄 뿐입니다.

어쨌든 오르가슴의 핵심은 긴장과 근육 수축입니다. 그러니까 흥분기와 고원기를 충분히 즐기는 편이 나아요. 오르가슴기는 유지되기 힘들기 때문에 여유 있는 마음이 필요합니다.

오르가슴에 관한 환상을 깰 필요도 있죠. 일상에서 심장 박동이 빨라지고 동공이 확대되고 혈액이 한곳으로 몰리고 온몸의 근육이 긴장하는 일이 흔치 않기는 하지만, 그렇다고 해서 오르가슴이 섹스를 하는 유일한 목표일 수는 없습니다.

"클리토리스 자위를 할 때 느낌이 오르가슴인가요? 남성이 사정할 때 느끼는 오르가슴이랑 같나요?"

가끔 이런 질문도 들어오는데, 아닙니다. 사정이 곧 오르가슴이 아니라고 이미 1강에서 강조했죠. 앞서 오르가슴을 묘사하는 글이 매우 주관적이라는 사실도 봤죠? 그러니 다른 사람이랑 비교하지 않는 방식으로 자기만의 오르가슴을 찾고 정의할 수밖에 없습니다. 아직 경험이 많이 없다면 당연히 오르가슴이 뭔지 잘 모를 수 있습니다. 더 많이, 더 다양하게 많은 시도를 해 보면서 알게 될 가능성이 높아요. 내 안에 있는 오르가슴을 찾아야 하지 밖에서 가져올 수 없어요.

오르가슴을 잘 못 느끼겠다고 호소하는 사람들하고 상담하면서 제가 발견한 이유 중에는 심리적 부담감이 있습니다. 섹스할 때 보통 옷을 벗는데, 평소에는 가리고 있던 곳들을 드러내는 일이다 보니 내 몸을 내보여야 하는 상황에서 여러 걱정 때문에 근육이 먼저 굳어 버려서 고원기도 못 가는 경우가 많아요. 상대방이 내 몸을 보고 이상하다고 생각하면 어떡하지, 내 피부가 푸석하다고 생각하면 어떡하지, 내 가슴이 안 예쁘다고 생각하면 어떡하지, 배가 나온 사람이라고 흉보면 어떡하지……. 상대는 전혀 신경 쓰지 않는데도 혼자 부담을 느낄 수도 있고, 좋지 못한 파트너를 만나 쓸데없이 평가하는 말을 듣고 상처받은 탓일 수도 있죠. 그러니 오르가슴을 느끼고 싶다면 자기가 자기 몸을 더 많이 사랑해야 하고, 이런 부담감을 먼저 헤아리고 마음을 편안하게 하는 말을 할 줄 아는 파트너를 잘 골라야 해요. 자기가 먼저 그런 말을 상대에게 잘해 주는 사람이 되면 좋겠죠. 서로 생각과 마음을 잘 알 수 있게 대화를 미리 많이 나누는 일은 정말 중요하겠죠?

또 하나의 팁이라면, 자위를 하면서 내 몸에 있는 성감대와 자극에 따른 반응을 탐구해 보세요. 내가 유방 자극을 좋아하는지, 클리토리스 자극을 좋아하는지, 소음순 자극을 좋아하는지, 허벅지 자극을 좋아하는지, 무릎 자극을 좋아하는지 찾아서 상대방한테 이야기하세요. 내가 알려 주기 전에 상대방이 먼저 찾아야 하는 보물찾기 게임이 아니에요. 파트너가 있다면 함께 오르가슴을 찾아가는 탐험을 해야 합니다.

자위할 때 손이 닿지 않는 곳이 성감대일 수도 있거든요. 이를테면 등이 성감대인 사람은 스스로 찾기가 힘들어요. 그런 성감대를 함께 찾으면 서로 얼마나 행복하겠어요. 성감대가 하나뿐인 사람도 있지만 대여섯 군데인 사람도 있고, 심지어 변하기도 해요. 10년, 20년 된 커플이라면 10년 전에 찾은 성감대를 20년 동안 고수하지 마세요. 몸은 계속 변하니까요.

무릎을 자극할 때랑 등이나 엉덩이를 자극할 때 당연히 자극 방식이 각각 달라야 됩니다. 지방이 많은 곳, 딱딱한 곳, 신경이 예민한 곳, 신경이 별로 없는 곳에 따라 알맞은 자극을 줘야겠죠. 과학적입니다. 그래서 성을 공부하면 재미있어요. 막연한 신비가 아니에요. 섹스를 잘하고 있는지 각자 점검하는 차원에서 자기가 쓸 수 있는 기술 목록을 적어 보기도 해 보세요. 저도 한번 써 봤어요.

장난치기, 키스하기, 깨물기, 옷 벗기, 옷 벗기기, 옷 입히기
상상하기, 집중하기, 대화하기, 달콤하게 속삭이기, 노래 부르기, 마사지해 주기, 껴안기, 매달리기, 끌어안기
핥기, 빨기, 어루만지기, 쓰다듬기, 비비기
토닥이기, 돌리기, 찌르기, 비틀기, 삽입, 흡입, 꽉 쥐기, 살짝 쥐기
손가락으로 머리카락 넘기기, 진동하기, 간지럽히기
살짝 때리기, 묶기, 스치기

다양한 콘돔, 섹스 토이, 침대 시트 바꾸기, 조명 바꾸기, 이름 바꿔 부르기, 크게 웃기, 살짝 웃기, 이야기 만들기
응시하기, 눈감기, 눈감게 하기, 당기기, 밀기, 누르기, 왕복하기
차가운 감촉 주기, 따뜻한 감촉 주기

응시하느냐, 눈을 감느냐, 상대방의 눈을 내가 감게 하느냐, 어떤 콘돔을 쓰느냐, 크게 웃느냐, 살짝 웃느냐 등 다 다른 기술이에요. 이것저것 해 봐야 상대방이 어디서 반응하는지 알 수 있겠죠.

머릿속이 복잡할 때 생각을 잊으려고 섹스를 선택하는 사람도 있다고 하지만, 생각할 거리가 많으면 섹스에 집중하지 못하는 경우가 더 흔합니다. 섹스할 때 머릿속에 내일 회사 가서 써야 할 보고서나 일주일째 냉장고에 박혀 있는 콩나물이 문득 떠오르기도 해요. 처음 섹스할 때는 상대방의 말 한마디나 손짓 하나까지 신경 쓰느라 다른 생각이 안 나는데, 안정된 관계로 바뀌어 안정된 공간에 있게 되면 익숙해진 탓에 아주 능숙하게 다른 생각을 하게 되거든요. 집중도를 높일 방법을 찾아야 하는데, 제가 하나하나 일러 드릴 수는 없겠습니다. 놓인 상황이 각자 다를 테니까요. 새롭고 낯선 장소를 간다든지, 안 해 본 체위를 시도한다든지, 색다른 역할극을 수행한다든지 등이 흔히 건네는 조언입니

다만, 이밖에도 더 찾아내고 시도해 보실 수 있어요.

모두 추천하는 케겔 운동

요실금 치료나 정력 증강에 케겔 운동이 좋다는 말은 많이 들어 왔습니다. 만병통치약처럼 취급하니까 오히려 신뢰가 안 갈 수도 있겠지만, 케겔 운동은 원리상 비뇨 기관과 생식 기관에 도움을 줍니다.

골반기저근은 골반 아래에서 내부 장기 전체를 받치고 있는 기다란 근육입니다. 이 골반기저근을 강화하면 요실금을 막을 수 있다는 사실을 산부인과 의사 아널드 케겔이 발견했어요. 그래서 케겔 운동이라는 이름이 붙었죠. 케겔은 어떻게 요실금에 골반기저근이 중요하다는 사실을 알게 됐을까요? 근육 구조를 보면 쉽게 이해됩니다.

치골에서 꼬리뼈, 양쪽 엉덩이뼈까지 연결돼 골반 아래쪽을 지탱하는 몇 가지 근육을 합쳐서 골반기저근이라고 합니다. 그 덕분에 우리가 서 있어도 내부 장기들이 자기 자리를 잘 지키게 됩니다. 대소변을 조정하는 요도괄약근과 항문괄약근도 골반기저근에 포함됩니다.

노화가 진행되면 온몸의 근육이 모두 조금씩 약해지는

골반기저근 단면

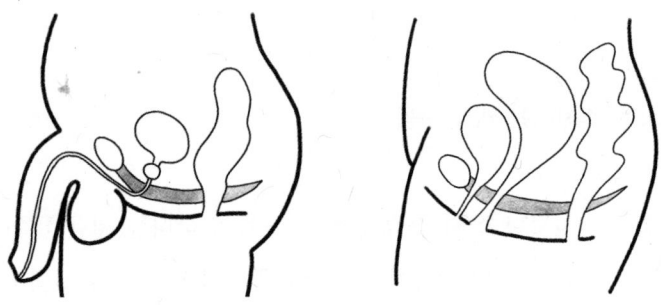

데, 의자에 앉아 주로 생활하면 골반기저근이 특히 약해집니다. 아널드 케겔은 분만하면서 골반기저근이 탄력성을 잃어 요실금을 겪는 여성을 자주 봤고, 해결할 방법을 찾다가 케겔 운동을 고안했죠.

    케겔 운동에서 가장 기본적인 원리는 힘을 주고 빼는 과정을 반복하는 일이에요. 근육은 자극을 받으면 아직 할 일이 남아 있다고 생각해서 더 튼튼해지거든요. 처음에는 선 자세에서 항문을 힘껏 조이고 풀어 주기를 반복하는 식으로 만들어졌지만, 요즘에는 다양한 자세로 근육을 자극하는 방식이 많이 개발됐습니다. 그래서 여기에서 케겔 운동 방법을 하나하나 설명하기보다는 각자 검색해서 자기에게 잘 맞는 방식을 찾아보기를 권합니다. 어차피 핵심은 실제로 케겔 운동을 꾸준히 하는 실천일 테니까요.

오르가슴 대신 성적 만족감

이쯤에서 성적 만족감이라는 말을 강조하고 싶습니다. 오르가슴보다 성적 만족감이라는 단어를 더 많이 쓰면서 파트너하고 이야기를 나누면 좋겠습니다. 성교육 차원에서 이야기할 수도 있고, 남편이든 자녀든, 친구든 성적 만족감을 뭐라고 생각하는지 토론할 수도 있어요. 만족은 내가 스스로 의미를 부여할 수 있는 단어잖아요. 맨밥에 간장이랑 달걀 하나 비벼 먹어도 만족스러울 때가 있고, 고급 레스토랑에서 비싼 음식을 먹어도 불만스러울 때가 있어요. 만족스럽다는 감정은 정해진 기준이 없으니까 성에 관련된 숱한 만족감을 떠올릴 수 있어요. 절정기까지 가지 않은 채 전희와 흥분만 가득한 섹스도 만족감은 높을 수 있거든요. 등산한다고 해서 에베레스트 산만 올라가야 하지는 않잖아요. 섹스를 하는 목적은 오르가슴 달성이 아니라 내 안을 좀더 꽉 채우는 만족감을 누리는 일일 수 있죠.

성에 관련해서 추구해야 하는 상태를 오르가슴이라는 한 단어로 뭉뚱그리면 우리 삶이 좁아져요. 좀더 폭넓은 의미를 담을 수 있는 말이 필요하죠. 오르가슴은 도달해야 하는 목표라는 의미가 강한 반면 성적 만족감은 성적 자극에 결핍을 느끼지 않는 상태를 가리켜요. '아, 이 정도도 좋아.

더 바랄 게 없어' 하면서 자기 삶에 만족하고 섹스를 전혀 안 해도 괜찮은 사람도 있잖아요. 그런데 사람들은 섹스 안 하는 사람은 외롭고 욕구 불만에 시달린다고 여겨요. 오르가슴 대신 성적 만족감이라는 말을 쓰면 섹스를 안 해도 괜찮은 사람도 자기만의 '이 정도'를 찾을 수 있어요. 오늘 하루를 잘 보내야 더 나은 내일을 보내듯이 성적 만족감은 일상에서 마주치는 다양한 상황에서 주체적 표현을 쓸 수 있는 계기가 되죠.

성적 만족감은 기준이 나예요. 내가 느끼는 성적 만족감은 내 것이라서 타인은 당연히 모릅니다. 나를 중심으로 이야기할 수 있으니까 다른 사람하고 나를 비교하는 말에 흔들리지 않겠죠.

뇌와 신경이 연결돼 있다는 사실

꿈에서 하는 섹스에 내 몸이 실제로 반응해서 놀라 잠에서 깬 경험이 있나요? 음핵이 부풀어 올라 뜨거워진 느낌도 들고, 피가 몰려서 외음부 전체가 움찔움찔하는 느낌도 들죠. 남성은 '몽정'이라는 단어를 사춘기 때부터 듣기 때문에 자다가 의지에 상관없는 신체 반응이 뭔지 알지만, 여성에게는 달리 적당한 단어가 없어서 이런 현상을 모르는 사람도 많습니다. 자기에게만 생긴 일인 줄 알고 속으로 놀라고 비밀로 하죠. 학자들은 성별과 상관없이 수면 중에 호르몬 분비에 변화가 생겨서 일어나는 자연스런 현상이라고 설명합니다. 만지지도 않았고 가만히 누워서 자고 있었을 뿐인데도 외음부가 짜릿해지고 몸이 뜨거워져서 당황할 수 있지만 이럴 때는 좀더 집중하면서 즐기세요.

뇌에서 신경이 내려와 온몸으로 뻗어 갑니다. 뇌와 생식기는 꽤 멀리 떨어져 있지만 신경을 통해 매우 빠른 속도로 연락을 주고받고, 순간적인 연락뿐만 아니라 기억으로 저장도 됩니다. 필요할 때 꺼낼 수 있죠.

뇌와 신경이 연결돼 있고, 신경이 온몸에 뻗어 있다는 사실은 두 가지를 시사합니다. 첫째, 말버릇이나 대화, 다정한 행동 등이 성적 만족에 영향을 미칩니다. 평소에는 늘 무시하는 듯 말을 던지고 함부로 대하면서 섹스만 황홀해지기를 기대하지 마세요. 지금보다 더 좋은 성생활을 하고 싶다면 먼저 신경을 쓰세요. 평소에 건네는 다정한 말, 다정한 행동이 전희로 차곡차곡 쌓입니다.

둘째, 생식기 자극에서 뇌로 갈 수도 있지만 뇌에서 자극이 먼저 시작될 수도 있습니다. 뇌에서 하는 상상도 신경을 통해 온몸에 전달되죠. 자위를 할 때도 상상을 하면 더

온몸 구석구석 뻗어 있는 신경

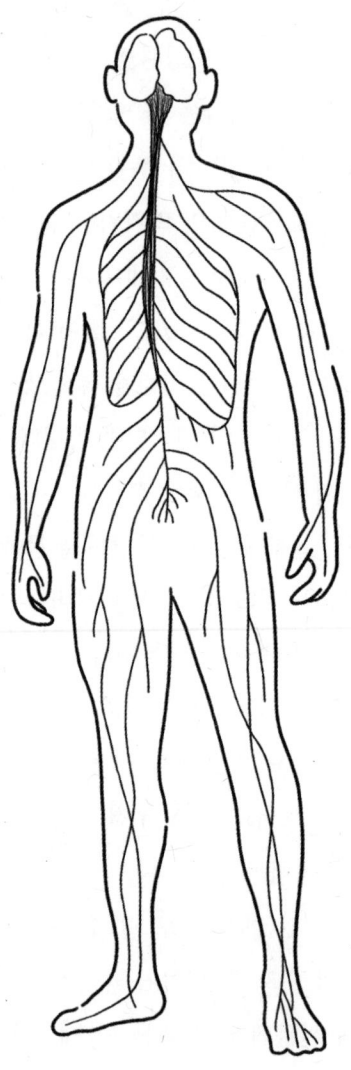

오르가슴을 맛볼 수 있고, 연인끼리도 역할극을 통해 색다른 감정을 느낄 수 있죠. 섹스를 잘하고 싶다면 상상력을 키우라는 말은 틀리지 않습니다.

이런 뜻도 됩니다. 스트레스가 심할 때 섹스가 너무 하고 싶어질 수도 있고, 어떤 자극을 받아도 아무 느낌이 없을 정도로 무감각해질 수도 있습니다. 성욕 유무를 애정 유무로 보면 안 된다고 한 이유도 바로 스트레스나 분노와 슬픔, 우울 같은 감정이 섹스에 영향을 미치기 때문이죠. 오늘 섹스를 하기로 약속한 커플이 있는데 상대가 갑자기 안 하고 싶다고 말할 수 있어요. 그러면 약속을 어긴다며 화내지 말고 먼저 물어보세요. 혹시 스트레스를 받는 일이 있는지 말이죠. 반대로 스트레스가 쌓이면 섹스하고 싶은 충동을 더 강하게 느끼는 사람도 있습니다. 개인마다 달라요.

미국 성교육자 에밀리 나고스키는 우리 뇌에는 성적 브레이크와 엑셀이 있는데, 어떤 순간에 브레이크를 밟을지 엑셀을 밟을지는 사람마다 다르다고 설명하죠. 여기에는 정상과 비정상이라는 구분이 없어요. 그러니 커플이라면 서로 특성을 파악해야 해요. 브레이크를 언제 밟는지, 엑셀이 무엇에 따라 더 잘 작동하는지 말이죠.

질의 ●
● ●
응답 ●

달리기를 하다가 오르가슴을 느낀 적이 있습니다. 저만 그런지, 아니면 흔한 일인지 궁금합니다. 모유 수유를 할 때 유륜에 가해지는 압력과 자극 때문에 성적으로 흥분한다는 말을 들었는데, 맞나요?

운동하다가 오르가슴을 느낄 수 있습니다. 앨프리드 킨제이도 이런 현상을 발견해 이야기한 적이 있고, 2011년 데비 허베닉 교수도 이런 현상을 '운동 유발성 오르가슴'이라고 이름 붙였죠. 흔히 '코어가슴'이라고도 합니다. 코어가슴은 다리를 들고 내리는 등 복부 운동을 할 때 주로 느낀다고 해서 붙은 이름입니다. 코어가슴을 느끼는 운동 중에는 달리기도 포함됩니다.

아직 학계에서 인정된 '정설'은 없지만, 전반적으로는 골반 근육 자극이나 하복부, 골반, 허벅지 안쪽 혈류의 폭발적 쇄도와 방출 때문이라고 말합니다. '성적 자극'이나 '성적 환상'하고는 관련 없습니다. 운동 중 근육 자극에 따른 생리적 반응일 뿐이죠. 1강에서 골반기저근과 신경, 혈관과 혈류에 관해 한 설명을 떠올리면 쉽게 이해할 수 있어요.

2014년 한 조사에 따르면 미국인 중 10퍼센트가 운동 중에 오르가슴을 느낀 적이 있다고 답했고, 2021년 또 다른 조사에서는 약 9퍼센트가 그렇다고 답했어요. 응답률은 여성이 좀더 높지만 남성도 꽤 됐습니다. 그런데도 미디어에서는 여성이 운동하면서도 오르가슴 느낀다며 호들갑 떠는 제목을 단 기사를 쉽게 볼 수 있습니다. 이런 기사나 인터넷 게시물은 남성과 여성의 오르가슴, 성욕, 성 규범 자체를 다르게 대하는 사회 분위기에서 나옵니다. 여성들이 운동하면서 (남성들 개입 없이 혼자서) 오르가슴을 느끼는 신체 반응을 신기하고 자극적인 현상으로 만들죠. 사실 오르가슴을 느끼든 말든 무슨 상관이 있겠습니까. 목적은 운동인데요.

수유를 하면서 오르가슴을 느낀 적이 있다고 말하는 사람도 있습니다. 그렇지만 '압력과 자극에 따라 흥분'한다는 표현은 남성 중심 관점입니다. 출산을 하면 뇌에서 프로락틴 분비량이 늘어나서 유즙(젖) 생산을 촉진합니다. 유두 자극은 뇌에서 옥시토신 분비를 촉진하는데, 옥시토신은 생산된 젖이 잘 나오게 돕죠. 옥시토신이 오르가슴을 느낄 때 나오는 호르몬이기도 해서 수유 중 오르가슴을 느낄 수 있다고 학자들은 분석합니다. 그렇지만 이 사실도 기억해 두세요. 옥시토신이 하는 일은 더 많습니다. 인간의 삶은 훨씬 복잡해서 호르몬 하나에 좌지우지되지는 않습니다. 갓난아기를 돌보는 일은 아주 힘들거든요. 이런 고단한 삶을 돌아보는 대신 여자들은 수유하다가 흥분도 느끼니 좋겠다는 식의 말이라면 무시하세요.

유아 자위를 어떻게 해야 할까요? 모른 척해야 할지, 못 하게 정확히 일러 줘야 할지, 다른 놀이를 하자고 주의를 환기시켜야 할지 모르겠어요.

일정한 나이가 되기 전에 성을 즐기면 안 된다는 차원에서 유아가 자위할 때 집중력을 흐트러트리려는 목적은 아니죠? 성을 즐긴다는 느낌이 유아와 성인에게 똑같지는 않습니다. 그러므로 성인이 보는 관점에서 유아가 성을 즐긴다고 해석하면서 성적으로 너무 일찍 발달하거나 중독되면 어떡하나 걱정하기보다는 유아가 자위를 선택하는 현실적인 측면을 봐 주세요.

유아가 자꾸 자기 배를 만지거나 팔을 만진다고 야단치는 사람은 없어요. 오히려 어디 아프냐고 걱정돼 물어보겠죠. 유아가 자기 외음부나 음경을 만지는 일도 자기만의 어떤 이유가 있기 때문이에요. 이를테면 만질 때 기분이 좋다는 단순한 이유일 수 있습니다. 아이스크림을 먹고 기분이 좋아지는 느낌하고 같아요. 만지면 마음이 편안해져서 잠이

오니까 만지기도 하고, 정말 심심해서 만질 때도 있어요. 그런데 어른들이 야단을 쳐요. 유아는 전혀 자기방어를 할 수 없는 상태인데 가혹한 평가를 받는 셈입니다.

부당한 평가에 노출시키기보다는 자기 몸을 건강하게 보호하는 방법을 아이에게 알려 줘야 합니다. 외음부나 음경을 만질 때는 반드시 손을 깨끗하게 해야 하고, 너무 오래 하거나 강하게 문지르면 다칠 수도 있다고 알려 주고, 다른 사람들이 볼 수 있는 곳에서는 하지 않아야 예의라고 말해 줘야죠. 숨어서 하라는 말이 아니라, 부끄럽고 잘못된 행동은 아니지만 다른 사람도 배려할 줄 알아야 한다는 차원에서요.

오히려 유아는 분비물이 충분히 나오지 않기 때문에 마찰이 일어날 때 상처가 날 가능성이 크다는 데 신경을 써야 해요. 상처가 나거나 피부가 빨개질 정도로 아픈데도 신기한 느낌 탓에 계속하고 있다면 문제예요. 아프면 더 안 해야 자연스럽잖아요. 아픈데도 계속한다면 다른 이유가 있어요. 그럴 때는 상처가 나게 하지 말라고 차분하게 설명해 주고, 아픈데도 하는 이유를 찬찬히 물어봐야겠지요. 그냥 하지 말라고 하는 대신 유아가 외음부나 음경을 만지며 놀 때 놀이 방법을 잘 가르쳐야 한다는 차원으로 접근해야 해요.

직접적으로 큰 소리로 야단치거나 화를 내지 않는다고

해도, 유아도 자기가 특정 행동을 할 때마다 어른들이 당황해하고 말리려 한다는 사실을 눈치 챕니다. 죄책감이나 수치심, 반발심이 생기기도 하고, 이렇게 행동하면 관심을 끈다는 사실을 배우기도 해요. 아무리 어려도 자위는 자연스러운 일인데, 도리어 이런 과정에서 성에 관한 부정적인 인식이 어릴 때부터 고착될 수 있습니다. 어떤 때는 모른 척하면서 위험한 도구를 사용하거나 너무 강한 마찰이나 압력을 가하는지 살피고, 어떤 때는 정확하게 지금 뭐 하고 있었는지 물으며 대화를 이끌어 내면서 이런저런 설명을 해 줘야 하고, 어떤 때는 아주 자연스럽게 다른 놀이를 하자고 말을 건네세요.

자위할 때 폭력적이고 강압적인 상상을 해야만 오르가슴을 느낍니다. 제가 미디어에 익숙해져서 주체성을 잃은 탓일까요?

아닙니다. 자위할 때는 어떤 상상이든 해도 됩니다. 금기의 영역으로 넣어 두면 오히려 그 상상은 더 자극적인 생각이 돼 없애기가 더 힘들어지거든요.

상상은 상상 자체로 이미 '주체적'입니다. 타인이 내게 함부로 하는 상상을 한다고 해도, 그 타인이 하는 행동은 완벽하게 내 머릿속에서 내가 주도하니까요. 영화나 소설, 잡지 등에서 보고 들은 내용이 상상에 영향을 미치지만, 똑같이 따라하지 않고 내 나름대로 내 취향에 따라 다시 재구성하게 되죠.

내 머릿속에서 타인을 등장시켜 이것저것 하게 만드는 상상과 현실에서 타인이 내 의견을 전혀 반영하지 않고 저지르는 '폭력' 행위는 다릅니다. 오히려 폭력을 저질러 놓고 '드라마에서는 이렇게 해 주면 좋아하던데'라며 변명하는 태도가 문제죠. 그러니 편안히 즐기세요. 내가 혼자 내 방에서 자위를 하며 나를 주인공으로 어떤 상상의 나래를 펼치든 아무 문제도 없고 잘못도 아닙니다. 미디어에서 본 장면들이 상상에 참고 자료가 될 수는 있습니다. 그렇다고 해도 각본과 연출은 모두 자기 자신이니 주체성을 잃은 상황이라고 볼 수는 없죠.

나는 얼마나 알고 있나 정답

① 뭐든 정답입니다 ② 뭐든 정답입니다 ③ X ④ X ⑤ X ⑥ O

3강

섹스에 관한 환상과 부담 덜어 내기
대체 섹스를 잘한다는 건 뭘까?

섹스를 잘하고 싶지만 어떻게 해야 하는지 배운 적도 없고, 친구에게 물어보기는 더 어려워요. 인터넷에 검색하면 비법, 테크닉, 스킬 같은 제목이 달린 글들이 쏟아지지만, 읽는다고 내가 잘할 수 있을까 싶어 부담부터 듭니다. 그렇다고 가만히 있자니 분명 좀더 황홀하고 멋진 뭔가가 기다리고 있을 듯해서 조바심이 나겠지만, 먼저 섹스에 관한 부담과 환상부터 버리자고요. 그럼 길을 찾을 수 있어요.

―――― 나는 얼마나 알고 있나 ――――

다음 문장을 읽고 맞음(O)이나 틀림(X) 표시를 해 보세요. 답은 3강 본문에 녹아 있으니 공부하면서 찾아내면 더 좋습니다.

① 자위는 가능한 강한 자극을 통해 빠르게 오르가슴에 도달하고 마무리할수록 좋다. (O, X)
② 정액은 단백질로 구성돼 오럴 섹스 때 정액을 삼킨다면 영양 섭취 효과가 있고 피부에 발라도 좋다. (O, X)
③ 애널 섹스는 피임 방법의 하나로 여겨 고대부터 남녀 간에서도 흔히 사용한 체위다. (O, X)
④ 베이비오일이나 바셀린은 콘돔이랑 같이 사용할 때 더 효과가 좋다. (O, X)
⑤ 러브젤이라고 불리기도 하는 윤활제는 오래 사용하려면 냉장고에 보관해야 좋다. (O, X)
⑥ 청소년이 편의점이나 약국에서 콘돔을 구입하는 일은 불법이 아니다. (O, X)

먼저 강조할 내용이 있어요. 이번 강의는 우리 모두 반드시 누군가하고 섹스를 해야만 한다거나 하는 것이 좋다고 전제하지 않아요. 그렇지만 섹스를 하는 상황을 중심으로 다루려 해요.

첫째, 섹스를 할 때는 안 할 때보다 분명 여러 위험이나 고려 사항이 생깁니다. 그래서 대부분 성 관련 강의는 타인하고 성관계하는 경우를 더 많이 다루게 됩니다. 자위도 다루지만 타인하고 성관계를 맺는 상황은 주의할 사항이 많아서 좀더 중점을 두려 합니다.

둘째, 내가 개인적으로 어떤 성생활을 하든(섹스를 안 한다가 성생활이 없다는 뜻은 아닙니다. 안 하는 것도 곧 성생활이 '있다'에 포함됩니다), 성에 관한 정보와 지식은 필요해요. 애인으로서, 친구로서, 가족으로서, 상담사로서, 교육자로서 어떤 상황에서든 다른 사람이 하는 고민을 들어주고 조언을 해야 할 때도 있으니까요. 우리 모두 다양한 섹스에 관한 정보와 지식이 있어야 합니다.

셋째, 한정된 시간에 많은 이야기를 다뤄야 하기에 구체적이고 자세하게 설명하기보다는 다양한 방법에 마음의 문을 여는 데 집중하려 해요. 그리고 실수하기 쉬운 부분과 미리 알아야 할 부분을 중심으로 다룹니다.

복습도 할 겸 다시 한 번 음경 구조를 볼까요. 음경은 단면으로 보면 음경해면체가 요도해면체를 감싸고 있습니다. 음경해면체는 보이는 부분이 다가 아니라 복부 안쪽까지 음경 다리가 뻗어 있어요. 척수에서 뻗어 나온 신경은 귀두에 많이 몰려 있다고 하지만, 음경해면체 다리 부분이나 항문 쪽에도 있어요. 음낭과 항문 사이를 회음이라고 하죠. 음경 귀두 부분에서 가장 민감한 부분인 소대뿐 아니라 몸통 부분과 음낭과 회음까지 적절한 자극을 주면 되죠.

질은 신경 분포에 특징이 있습니다. 질 입구 쪽 앞부분에는 접촉에 더 민감한 신경이 몰려 있고, 질 안쪽으로 들어갈수록 압력에 반응하는 신경이 분포합니다. 이런 구조적 특성 때문에 음경의 귀두 부분이 질의 앞쪽까지 얕게 삽입해서 천천히 움직이면 질과 소대가 둘 다 동시에 자극을 받게 되겠죠. 인터넷에 보면 '형님이 비법을 알려 주마' 같은 글에 곧잘 등장하는 비법이지만, 사실 간단한 원리입니다. 우리는 바로 깨달을 수 있죠. 그럼 손가락 삽입이 더 낫겠다고 말입니다.

유쾌한 섹스 — 핑거 섹스

핑거 섹스는 말 그대로 손가락을 사용하는 섹스예요. 손가락을 사용해 여성의 외음부와 질, 항문 등을 자극하는 행위를 핑거링fingering이라고 하고, 손을 이용해 음경을 자극할 때는 핸드잡handjob이라고 합니다만, 저는 손과 손가락을 사용한다는 점에서 '핑거 섹스'로 합쳐 부르겠습니다.

핑거 섹스에서는 손을 깨끗한 상태로 미리 만들어 두는 일이 가장 중요합니다. 절대 잊어서는 안 되는 기본 중의 기본이죠. 손톱은 미리 깎아서 부드럽게 다듬어 둬야 합니다. 비누로 잘 씻어야 하고, 좀더 주의를 기울이고 싶다면 콘돔을 사용해도 됩니다. 일반 콘돔도 괜찮고 손가락용으로 나온 핑거돔을 써도 좋습니다. 근래에는 삽입이 아니라 전희 단계에서 음핵이나 외음부, 회음, 항문 등 신체 여러 부위에 색다른 자극을 줄 수 있게 손가락 끝에 골무처럼 끼워서 쓰는 제품도 나옵니다.

둘째, 손톱으로 질 벽과 자궁경부에 상처가 생기지 않게 주의해야 해요. 손톱이 아니라 손가락의 뭉툭한 부분이 닿게 해야 하죠. 고원기에 도달하면 질도 확장하고 자궁도 더 위로 올라가기 때문에 손가락이 닿지 않지만, 처음 삽입할 때는 질 벽이 손가락을 완전히 감싸는 듯 느껴지고 자궁경부 입구 부분도 만질 수 있습니다. 손가락으로 피스톤 운동을 할 때 자극하는 곳은 앞서 설명한 대로 질 입구에서 안쪽 3분의 1 정도 되는 지점입니다. 이 부분이 자극받기 때문에 피스톤 운동을 하면서 질 벽이나 자궁경부구에 강하게 압력을 주는 일은 중요하지 않습니다. 그러니 손톱으로 긁어서 상처가 나지 않게 조심하세요.

손가락 삽입은 굵기와 삽입 각도, 피스톤 운동 속도 등을 자유롭게 조절할 수 있고 강직도를 유지하기 쉽다는 장점이 있죠. 손가락을 하나나 두 개 모아서 삽입을 시작하면 좋습니다. 그 뒤로 세 개, 네 개, 다섯 개까지 질이 받아들이는 정도에 따라 진행하면 됩니다. 이때 마치 페니스 굵기를 자랑하듯 손가락을 많이 삽입할수록 더 대단하다고 착각하는 경우도 있는데, 아닙니다.

굵기와 강직도뿐만 아니라 손가락 삽입 때 손등을 위로 할지, 손바닥을 위로 가게 할지, 손등을 세워서 할지 등에 따라서도 삽입을 받는 쪽이 느끼는 자극 지점이 달라진다는 점에서 더 다채로운 감각을 만들어 내는 장점이 있습니다. 기억하죠? 질 벽을 통해 요도를 자극할지, 방광을 자극할지, 자궁질부 앞쪽을 자극할지, 뒤쪽을 자극할지 선택할 수 있고, 사람에 따라 선호하는 지점이 다르다고(자궁질부는 자궁경부와 질이 연결된 약간 움푹 들어간 부분을 의미합니다). 또한 삽입하지 않은 손가락이나 손바닥이 음핵에 닿을지, 소음순과 대음순에 닿을지, 회음부에 닿을지에 따라 외음부 자극도 추가할 수 있습니다.

핑거 콘돔이나 일반 콘돔을 사용한 핑거 섹스

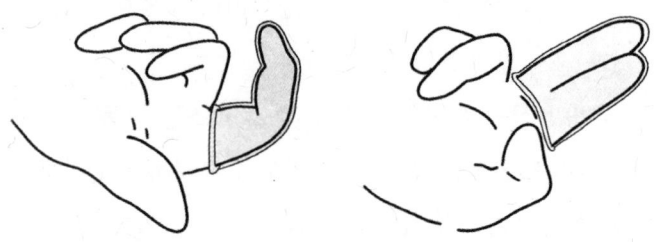

이렇게 보면 손가락은 음경 삽입 섹스보다 뛰어납니다. 음경도 크기가 중요하다고 하듯이 손가락도 길고 굵을수록 좋다고 생각하는 사람이 있지만, 아닙니다. 질에는 자극받는 지점이 많은데다 강하고 정확한 자극이 오르가슴을 느끼는 데 도움이 되기 때문에 삽입체의 크기나 길이보다는 강직도와 각도 조절이 중요합니다. 또한 사람마다 좋아하는 자극 방식과 자극 지점이 다르다는 점에서 두 사람의 궁합이 가장 중요하지 절대적인 기준은 없습니다.

삽입 손가락 개수, 삽입 방향, 피스톤 운동의 속도와 강도, 외음부 자극 등 많은 변주가 가능하다는 점에서 두 사람은 각자 뭘 더 좋아하고 뭘 더 잘하는지를 찾아가는 과정을 즐겁게 누릴 수 있죠. 손 하나로 이렇게 다양한 자극을 즐길 수 있는 핑거 섹스를 레즈비언 섹스만으로 한정하기는 정말 아까워요.

손가락으로 음핵을 살짝 두드리거나 지긋이 누르기, 돌리기, 음핵 표피를 살짝 올리기, 손바닥으로 따듯하게 덮어주며 살짝 압력 가하기 등도 가능합니다. 소음순과 대음순에도 똑같은 원리가 적용됩니다. 이때도 손톱 정돈은 중요합니다. 손톱에 날카롭게 긁혀서 통증을 한 번 느끼면 불타오르던 흥분이 확 식을 수 있고, 반복될까 두려운 마음에 몸이 굳어 더는 자극을 느끼기 어려워질 수도 있습니다. 그리고 앞서 설명한 손가락 삽입이나 외음부 자극은 모두 자위 때 활용할 수 있겠죠.

마지막으로 하나 더, 음핵 자극을 누구나 똑같이 좋아하지는 않습니다. 음핵 자극이 좋은 전희 방법이라고 해서 시도하지만 상대가 싫어할 수도 있어요. 당연히 좋아한다고 추측하고 조심스런 탐색 과정 없이 처음부터 강하게 접근하면 안 됩니다. 음핵 자극을 싫어하는 사람은 대체로 자극이 너무 직접적이고 강해서 거부감이 들거나 반대로 별로 느낌이 없는데 상대가 집중해서 만지니 아프기 때문입니다.

음핵의 머리(음핵 귀두)는 음핵 표피라는 피부 주름에 덮여 있습니다. 음핵 귀두가 표피 밖으로 처음부터 많이 나온 사람도 있고 표피에 잘 덮혀 있는 사람도 있어요. 게다가 자극을 받으면 받을수록 음핵은 점점 더 몸 안쪽으로 들어가는데, 들어가는 속도와 깊이도 사람마다 다릅니다.

음핵을 자극하는 여러 가지 핑거 섹스

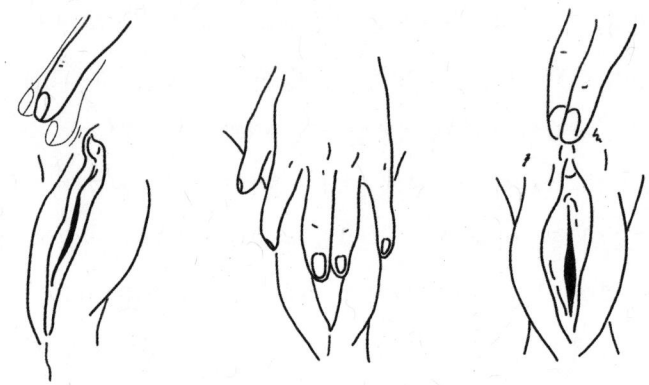

음핵 자극은 음핵 표피를 활용해 간접적으로 자극이 전달돼야 자극 자체를 음미할 수 있는데, 음핵에 직접 닿으면 너무 강렬해서 느낄 틈이 없죠. 또한 음핵이 안으로 많이 들어갈 경우에 웬만한 자극에는 느끼지 못하게 되고, 더 강한 압력을 지속적으로 가해야만 음핵에 전달되니 그런 과정에서 무리가 따르죠.

자위를 하면서 자기 음핵이 지닌 특징을 파악하면 좋습니다. 자기 음핵은 어떤 특징이 있고 어떤 방식의 자극을 좋아하는지를 파악해야 자기에게 맞는 섹스 토이로 자위를 즐길 수 있어요. 함께 시간을 보낼 상대에게 미리 알려 준다면 더 알찬 시간을 보낼 수도 있겠죠. 구구절절하게 다 말로 해 줘야 하나 싶겠지만, 생각해 보면 굳이 말 안 해 줄 이유는 없지 않나요? 대화를 많이 나눌수록 더 행복한 시간을 보낼 수 있으니까 말이죠. 전 애인은 이렇게 하면 좋아하더라는 기억만으로 원래 하던 방식이 현재 애인에게도 통하리라 전제하지 말고, 상대 음핵이 지닌 특징을 파악하려고 노력하세요.

손으로 음경을 자극하는 법

음경을 손으로 예뻐해 주는 방법도 설명하겠습니다. 음경을 손바닥 전체로 감싸듯 쥐면서 집게손가락 쪽이 소대 아래로 가게 두고 음경 전체를 아래위로 빠르게 이동하는 방법이 있고, 엄지와 집게손가락이나 가운뎃손가락으로 링을 만들어서 소대를 중심으로 움직이며 자극하는 방법도 있습니다. 음경의 귀두 주위를 집게손가락으로 동그랗게 걸어서 돌리듯이 자극을 주거나, 음경이 음낭에 연결되는 아래쪽 뿌리 부분이나 음낭을 지그시 누르거나 살짝 쥐고 압력을 가하는 동작을 동시에 할 수도 있습니다.

 많은 성 전문가들은 자위할 때 시간에 쫓겨서 빨리 하려 하지 말고 충분한 시간을 확보해 느긋하게 하라고 조언합니다. 수치심이나 죄책감 때문에 빨리 끝내려고 하면 결국 강

음경을 자극하는 여러 가지 핑거 섹스

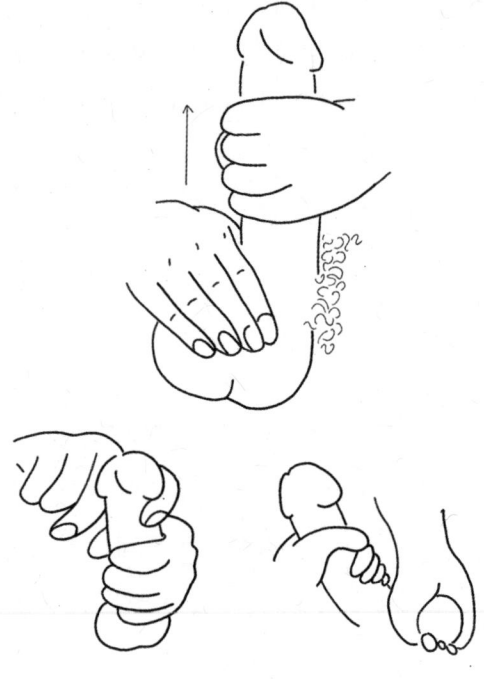

하게 자극을 주게 되고, 자극에 익숙해지면 점점 더 강한 압력을 가하는 방법을 쓰게 될 수 있어요. 그러면 다칠 수도 있고, 다른 상대랑 성관계를 맺으려 할 때 원하는 대로 발기를 유지할 수 없기 때문입니다.

자위를 할 때도 한 가지 방법만 반복하지 말고 이런저런 여러 방법을 써 봐야 해요. 음경이 자극에 익숙해질수록 여유를 갖고 천천히 자극을 주다가 잠깐 멈추기도 하고, 속도를 내다가 늦춰 보기도 하고요. 방에서 자위를 하다가 잠시 멈추고 화장실에 가서 사정하는 방법을 써도 됩니다. 사정을 참으면 정력이 세진다거나 사정을 자꾸 참으면 몸에 무리가 간다는 등 이런저런 말이 많죠. 정력 강화를 목적으로 사정을 참을 이유도 없고, 발기를 하면 반드시 그 자리에서 사정까지 이어져야 한다는 규칙도 없습니다.

정액이 매일 몸에서 생산되는 사실을 모르던 시대에는 정액도 혈액처럼 몸에 일정량이 보관돼 있어서 많이 배출하면 죽는다고 생각했습니다. 그래서 되도록 사정을 하지 않아야 남성 건강에 더 좋다고 여겨서 자위를 금기시하기도 했죠. 질 외 사정이나 자위는 귀한 정액을 낭비하는 것이라 여겼으니까요. 이제 우리는 원리를 아니까 부끄러워하거나 죄의식을 갖지 말고 평온한 삶을 위해 자기 나름의 방식과 기준으로 자위를 즐기기 바랍니다.

존중의 섹스 — 오럴 섹스

오럴 섹스를 조금 더 편안하게 즐기면 좋겠어요. 오럴 섹스는 음핵을 자극하는 커닐링구스하고 음경을 자극하는 펠라치오로 나뉩니다. 영어 단어라 발음이 좀 어렵죠.

저는 오럴 섹스를 상대를 향한 존중을 담은 섹스라고 정의하고 싶습니다. 상대를 웬만큼 존중하지 않으면 오럴 섹스는 하기 힘듭니다. 하는 사람은 존중을 보여 주고 받는 사람은 자기가 사랑받는다고 느낄 수 있죠. 그런데 펠라치오를 내가 상대 위에 군림하는 섹스로 오해하는 사람도 있어요. 전도연과 이정재가 주연한 영화 〈하녀〉(2010)에서 배우 이정재가 오럴 섹스를 받는 장면이 나오는데, 그때 이정재의 태도는 상대에게 관심이 없고 거의 자아도취에 빠진 듯하죠.

그래서 저는 연인 사이라면 서로 오럴 섹스에 관한 느낌이나 의견을 많이 나누라고 권합니다. 미국에서 나온 통계를 보면 펠라치오를 받은 남성이 커닐링구스를 받는 여성보다 훨씬 더 많습니다. 남성은 커닐링구스를 꺼리는 경향이 있지만 펠라치오를 해 달라고 편하게 요구하죠. 반대로 여성은 펠라치오를 하기 싫어도 원하면 해 줘야 한다고 받아들이면서도 정작 상대에게 커닐링구스를 요구하기는 어려워하는 경우가 많습니다. 여성 외음부에 관한 편견이 있기 때문이죠.

입과 혀로 음핵을 자극하면 질 삽입 섹스보다 더 강력하게 오르가슴을 불러옵니다. 삽입 섹스보다 3배 정도 더 만족도가 높다고 하죠. 혀와 입술은 부드럽고 따뜻합니다. 앞서 핑거 섹스에서 손가락 자극을 아파하는 경우도 있다고 말했죠. 감당할 수 없는 자극보다는 천천히 뭉근하게 오는 자극을 좋아할 수 있죠. 혀와 입술을 활용해 음핵을 두드리고, 누르고, 어루만지고, 살짝 빨 수 있고, 입 주변과 턱으로 소음순과 대음순에도 동시에 자극을 준다면 자극은 배가되겠죠.

커닐링구스를 쉽게 요구하지 못하는 이유는 여성들이 자기 외음부를 긍정적으로 여길 수 없게 교육받기 때문이에요. 내 외음부를 본 상대가 안 예쁘다고 생각할까 봐 걱정해요. 그래서 내 외음부를 지금 상대가 보고 있다는 사실에 신경이 쓰여서 아무리 자극해도 아무것도 못 느낄 수도 있습니다. 올바른 외음부 모양이란 없습니다. 소음순과 대음순의 모양과 색깔은 사람마다 다 다르고, 같은 사람이라도 살면서 계속 변합니다. 표준형이 없으니까 비교해서 더 이쁘거나 더 못난 외음부란 없어요. 그냥 내 외음부가 세상에서 가장 예쁘다고 생각하면 됩니다. 상대도 진심으로 그렇게 생각하고 그런 생각을 표현하면 더 좋겠죠.

오럴 섹스는 필연적으로 냄새를 맡게 됩니다. 여성이나 남성이나 마찬가지이지만 여성 비하가 발달한 문화에서 아무래도 여성이 훨씬 더 부담을 느끼게 됩니다. 그래서 커닐링구스를 꺼리게 되죠. 뒷부분에서 한 번 더 설명하겠지만, 외음부 냄새는 부끄러워할 거리가 아닙니다. 어느 정도 냄새는 어쩔 수 없기도 하고 자연스럽거든요. 오히려 외음부 냄새는 질과 자궁의 건강을 살피는 지표가 됩니다. 혹시 냄새 가지고 놀리거나 비하하는 사람이 있다면 곁에 두지 마세요. 내 건강을 먼저 걱정하지 않는 사람하고 특별한 인연을 이어 갈 이유는 없으니까요.

오럴 섹스를 즐기는 사람이 늘어서 그런지 요즘에는 질 세정제도 많이 나왔어요. 그렇지만 권하지 않습니다. 질 세정제는 병원에서 처방을 받지 않는 한 자의적으로 판단해서 쓰지 마세요. 특히 향기 나는 제품은 점막에 흡수되기 때문에 외음부에는 쓰지 않아야 합니다.

오럴 섹스라고 해서 음핵에만 집중하지 마세요. 소음순에도 혈관과 신경이 연결돼 있어서 자극에 민감합니다. 소음순이 있는 몸 안쪽으로는 질 전정구가 있죠. 질 전정구는 해면체로 구성돼 있어서 음경의 발기처럼 부풀어 오릅니다. 대음순도 자극을 같이 느낍니다. 음핵보다 소음순과 대음순 자극을 더 좋아하는 사람도 있다는 점을 기억해 두세요.

소음순과 질구를 자극해도 좋지만 질 안에 공기를 불어 넣지는 마세요. 오럴 섹스를 하다가 조금 숨이 들어가는 정도는 괜찮지만 의도적으로 질 안에 공기를 강하게 불어 넣으면 자칫 생명을 잃을 만큼 큰 사고로 이어질 수도 있습니다. 혀를 질 안에 넣고 싶다는 생각이 갑자기 들어서 혀를 넣는 경우도 있는데, 조금 넣는다고 해서 큰 문제로 바로 이어지는 않지만 되도록 하지 마세요. 혀를 지나치게 사용하면 턱과 입 주변 근육이 경직될 수도 있어요. 세균 감염 등 이런저런 걱정이 든다면 덴탈 댐이라는 오럴 섹스용 콘돔을 사용하면 됩니다. 치과에서 치료할 때 입속에 씌우는 라텍스예요. 치과 의료 기기를 파는 쇼핑몰에서 구할 수 있어요. 섹스 토이용으로 제작된 제품이 따로 있지만 한국에서는 구하기 힘듭니다. 그래서 콘돔 양쪽 끝부분을 잘라낸 뒤 가운데를 잘라 펼치거나 우리가 일상에서 쓰는 랩을 대신 쓸 수 있습니다. 사용 후기를 들으면 랩을 잘 사용한다는 사람도 있고 도저히 안 된다는 사람도 있습니다. 각자 요령껏 쓰기 나름인 듯합니다.

이제 펠라치오에 관해 간단히 설명하겠습니다. 펠라치오에서 가장 중요한 사실은 절대 상대에게 강요하지 말라는 점입니다. 커닐링구스하고 비교할 때 펠라치오는 음경을 구강으로 받아들인 쪽이 다칠 수도 있습니다. 음경이 후두에 닿을 수도 있고, 충격을 강하게 받으면 상처가 날 수도 있거든요. 그래서 펠라치오를 할 때 어느 정도 깊숙이 넣을지는 상대가 결정하게 해야지 음경을 가진 쪽이 주도해서는 안 됩니다. 포르노에서 과장해 묘사하는 장면을 참고하지 마세요. 펠라치오는 음경 귀두를 혀나 입을 사용해 부드럽게 애무해야 하는데, 핑거 섹스에서 말한 대로 손으로 음경 뿌리나 음낭, 회음부 자극을 동시에 해도 좋습니다.

펠라치오를 하기 전에는 술을 마시지 않는 편이 좋습니다. 혀와 입술로 애무해야 하는데, 실수로 치아를 사용하게 될 위험이 높아지니까요. 치아로 깨물면 통증을 일으킬 뿐만 아니라 상처를 낼 수도 있어요. 음경에 신경이 몰려 있어서 자극에 예민하다는 사실은 바꿔 말해 아픔도 잘 느낀다는 의미이니까요.

펠라치오를 위한 오럴용 콘돔도 있습니다. 좋은 향과 맛이 나고 얇아서 감촉을 더 잘 전달하게 제작됐죠. 음경도 청결에 신경을 써야 합니다. 잘 씻어야 하고, 속옷을 자주 갈아입어야 냄새를 예방할 수 있습니다.

마지막으로 오럴 섹스에서 가장 많이 나오는 질문에 답할게요. 정액을 먹는다고 해서 별다른 일이 생기지는 않습니다. 그렇지만 꼭 먹을 필요도 없습니다. 정액이 영양분 덩어리라는 이야기도 떠도는데, 거짓입니다. 정액은 대부분 수분이며 영양 성분은 거의 없습니다. 한편 예의상, 아니면 상대가 정말 원해서 정액을 삼킨다는 사람들도 있습니다. 스스로 흔쾌히 선택할 수도 있지만, 구강 내 사정을 거부하거나 정액을 삼키지 않는다고 해서 예의에 어긋난 행동이라 할 수는 없습니다. 정액 속에 임질균이나 다른 성병 균이 있을 때는 어떻게 되는지 걱정하는 사람도 있어요. 이런 균들도 위장에 들어가면 위산에 죽습니다. 다만 인후염을 앓고 있거나 잇몸 염증 등으로 입속에 상처가 난 상태라면 균이 위장으로 가기 전에 체내로 흡수됩니다. 그러니 구강이나 인후 쪽이 붓거나 아플 때는 오럴 섹스를 하지 마세요. 참, 정액이 피부에 좋다는 말도 거짓입니다.

신뢰의 섹스 — 애널 섹스

애널 섹스는 심리적 장벽이 높죠. 애널 섹스에 관해서는 성기가 아닌 신체 기관을 억지로 사용하니 순리를 어기는 행동이라거나 여성으로 만족하지 못해서 질을 대신해 애널을 이용하려 한다는 강한 편견이 있으니까요. 애널은 불결하고 위험하다는 편견도 심하고요. 그러나 질 대신이라며 무시하기에는 애널도 장점이 많습니다.

애널 섹스에는 다르게 접근해야 합니다. 오럴 섹스가 존경의 표현이라면 애널 섹스는 신뢰의 표현이라고 저는 생각해요. 외음부를 보여 줄 때도 무척 부끄럽지만 애널을 보여 주는 행위는 믿음 없이 결정하기가 쉽지 않으니까요. 이 자세에서는 두 사람이 서로 마주 볼 수 없죠. 한 사람 등 뒤에 다른 한 사람이 자리하니까요. 서로 어떤 표정인지 보지 못한다는 점에서 긴장할 수밖에 없는데, 이 긴장은 불안감이 될 수도 있고 새로운 흥분 요인이 될 수도 있습니다. 그러니 애널 섹스를 선택하는 두 사람은 상대방이 나를 사랑한다는 믿음이 더 굳건해지겠죠. 애널 섹스를 신뢰의 표현이라고 생각하면 고정 관념을 좀 깰 수 있습니다.

항문으로 삽입해도 정말 괜찮은지가 아마 가장 궁금하겠죠. 괜찮습니다. 애널 섹스는 고대부터 행해진, 역사적으로 오래된 섹스법입니다. 남녀 간에도 피임 방법의 하나로 선택하기도 했고, 꼭 피임 목적이 아니더라도 두 사람이 즐거운 성생활을 위해 선택할 수 있는 체위이죠.

그런데 동성애를 혐오하는 이들이 애널 섹스를 순리에 어긋난 섹스로 규정하면서 편견이 더 강화됐습니다. 애널 섹스는 할 수도 있고 안 할 수도 있는 평범한 섹스 중 하나일 뿐인데, 낙인이 너무 강하게 찍혀서 제대로 된 정보를 얻을 수 없게 됐죠.

애널 섹스를 할 때 삽입해서 사정해도 되는지 궁금해 하는데, 괜찮습니다. 장 속에 정액이 들어간다고 문제가 생기지는 않습니다. 가끔 정액도 타인의 단백질이어서 내 것이 아닌 물질이 내 몸에 들어오면 알레르기 반응을 보이는 사람도 있다고 하거든요. 그래서 아주 드문 경우지만 걱정할 수는 있는데, 일단 우리가 전제 조건으로 모든 섹스에서 콘돔을 쓰기로 했잖아요. 그러니 걱정은 하지 않아도 돼요.

관장에 관해서도 많이 질문합니다. 관장은 섹스 전에 해도 되고 안 해도 됩니다. 삽입하다가 대변이 묻으면 어쩌지 걱정하지만, 직장은 평균 길이가 12센티미터에서 15센티미터예요. 항문에 연결된 직장이 있고, 직장이 살짝 꺾이는 부분을 에스 결장이라고 부릅니다. 대장에서 대변이 만들어지는 동안 직장은 보통 비어 있습니다. 화장실에 가고 싶다는 느낌은 직장으로 대변이 내려온다는 신호거든요. 화장실 가고 싶다는 느낌이 들지 않을 때는 직장이 비어 있다고 생각하면 됩니다. 지름도 4.5센티미터에서 5센티미터로 넓습니다. 애널 섹스를 즐겨하는 사람들은 꼭 관장을 한다는 말도 있는데, 각자 선택할 사항입니다. 서툰 관장을 무리하게 하면 더 위험할 수도 있으니까요. 다만 관장까지 하지 않더라도 애널 섹스를 하기 전에는 자극적인 음식을 먹어서 장에 탈이 나지 않게 신경 쓰고 배변을 미리 해야 합니다. 그리고 항문과 항문 주위를 깨끗하게 씻는 등 기본적인 위생 관리는 필요합니다.

애널 섹스의 핵심은 항문 근육 이완이에요. 질이랑 똑같이 삽입이 시작되는 입구 부분이 가장 좁거든요. 근육이 꽉 쥐고 있으니까요. 근육이 아직 충분히 풀리지 않은 상태에서 무리하게 밖에서 안으로 삽입을 시도하면 질 삽입 섹스에서도 그렇듯이 항문 주위 근육이 상하거나 통증을 느낄 수도 있습니다.

항문 주변에는 두 가지 근육이 있어요. 안쪽에 자리한 내항문 괄약근과 바깥쪽에 자리한 외항문 괄약근이 있는데, 둘 다 평상시에 수축해 항문을 닫는 구실을 합니다. 내괄약근은 배변 신호가 오면 내 의지에 상관없이 이완되고, 외괄약근은 내 의지로 움직임을 조절할 수 있습니다. 이 근육들을 푸는 일이 중요합니다. 그러려면 먼저 긴장을 풀고 근육이 삽입을 받아들일 수 있도록 천천히 부드럽게 진행해야 합니다. 그러려면 회음부를 충분히 자극한다거나 음경 자극이나 음핵 자극 등 애널 섹스를 위한 전희를 열심히 해야겠죠. 그리고 삽입할 때도 처음에는 손가락을 사용해 자극을 주면서 삽입을 무리 없이 받아들일 수 있게 하면 됩니다. 항문 주변을 혀와 입술로 애무하는 행위를 리밍이라고 합니다. 리밍을 하고 싶다면 애널 섹스 전에 항문 쪽을 꼼꼼하게 씻어야겠죠.

삽입 받는 쪽이 여성이라면 삽입 각도도 신경 써야 합니다. 질 벽이랑 각도를 나란히 하면서 삽입하면 편안하지만,

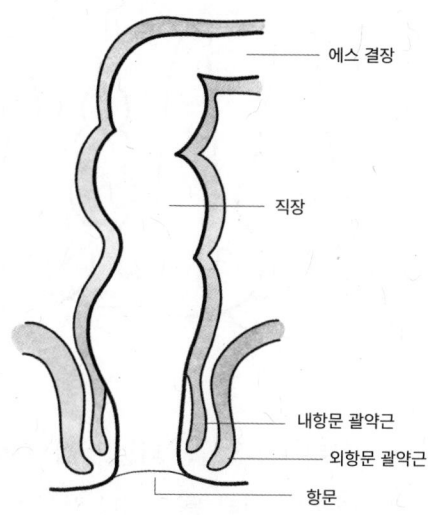

항문 괄약근 단면

각도를 잘못 맞추면 삽입한 페니스, 딜도, 손가락 등이 입구 근처에서 질 벽을 밀어내게 돼 편안하지 않아요.

애널 섹스에서 오르가슴은 어떻게 느낄까요? 항문에도 신경이나 근육이 다 있어요. 항문 삽입을 통해 질벽과 자궁에 자극을 전달하고 전립선도 자극할 수 있는데, 전립선에는 신경이 많이 분포해서 자극을 더 쉽게 느껴요. 성별에 상관없이 사람에 따라 애널 섹스가 취향이라고 충분히 이야기할 수 있죠.

애널 섹스용 섹스 토이도 많아요. 애널용 딜도를 버트

애널 섹스에 사용하는 버트 플러그

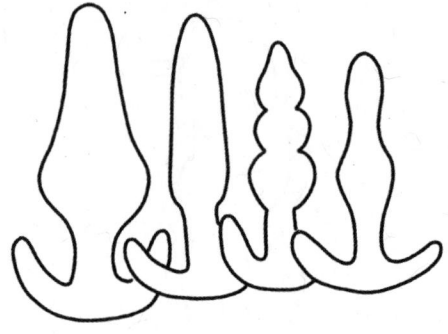

플러그라고 부르는데, 삽입만 되는 형태, 진동되는 형태, 안에서 윙윙 돌아가는 형태 등 크기나 작동 방식이 다양하지만 원리는 똑같아요. 앞은 가늘고 뒤로 갈수록 굵어지는 모양으로, 질 삽입 섹스에 쓰는 딜도하고는 다릅니다. 처음 삽입할 때 편안한 느낌을 줘야 하니까 작고 가는 굵기로 시작해서 익숙해지면 더 크고 굵은 제품으로 바꾸면 됩니다. 섹스 토이에 콘돔을 씌우면 뒤처리도 간단합니다.

애널 섹스도 자위가 가능한데, 안전하게 섹스 토이를 사용하기를 권합니다. 버트 플러그를 이용해 자위를 하면 다른 사람하고 애널 섹스를 할 때 삽입하는 쪽이든 받는 쪽이든 상대방을 더 잘 이해하게 되겠죠.

애널 섹스는 아프지 않아야 하는 섹스입니다. 가끔 당연히 아프니까 참으라고 강권하는 경우도 있는데, 아닙니다. 처음에는 너무 긴장해서 어느 정도 통증을 느낄 수도 있지만, 통증이 당연하지는 않습니다.

마지막으로, 애널 섹스를 할 때는 반드시 윤활제와 콘돔을 사용해야 합니다. 애널 섹스를 한 뒤 바로 다른 체위로 연결하지 말고 꼭 손과 음경을 씻은 뒤 사용한 콘돔은 빼고 새로운 콘돔을 착용하세요. 사용한 섹스 토이는 바로 씻거나 닦으면 좋지만 곧장 움직이기가 어렵다면 일단은 몸에 닿지 않게 멀리 두시기 바랍니다. 위생에 이미 충분히 신경 쓰면서 진행했지만, 혹시 모를 전염에 대비해 몸에 닿지 않는 편이 좋으니까요.

형형색색 섹스 — 섹스 토이

섹스 토이를 한 문장으로 요약하라면 '무궁무진하게 펼쳐지는 신세계를 만날 수 있는 훌륭한 친구'라고 하고 싶습니다. 굳이 마다할 이유가 없죠. 자위할 때뿐 아니라 커플도 사용하면 좋습니다. 요즘은 예전보다 섹스 토이를 구입하기 쉽고 사용법도 인터넷에서 쉽게 찾을 수 있습니다. 단점은 돈을 써야 한다는 점뿐이며, 장점은 위생적이고 안전한 자극과 자율적 사용까지 많죠.

먼저 섹스 토이는 크게 수동형과 자동형으로 나뉩니다. 먼저 수동형은 손에 들고 하는 핸디형과 양손을 자유롭게 쓸 수 있는 핸드 프리형이 있어요. 핸드 프리형은 바닥이나 벽에 부착해 사용하는데, 허리나 허벅지에 찰 수 있는 벨트형이나 몸에 입는 팬티형 등 신체 부착형도 있습니다. 자동형은 말 그대로 스스로 움직이죠. 전력 공급 방식에 따라 건전지형과 충전형이 있는데, 아무래도 진동 강도를 일정하게 유지하려면 건전지형보다 충전형을 추천합니다. 다만 건전지형이 더 싸니까 건전지형을 먼저 써 보고 나에게 맞다 싶을 때 조금 더 좋은 충전형을 사서 오래 쓰면 되겠죠.

움직이는 방식에 따라 나누면 바이브레이터 같은 진동형, 우머나이저 같은 흡입형, 피스톤 운동까지 되는 딜도형, 가벼운 전기 신호로 자극하는 저주파형으로 구분할 수 있습니다.

외부 자극형과 삽입형으로 나눌 수도 있어요. 외부 자극형은 유두나 음핵, 음경 등을 자극하는 형태이고, 삽입형은 질, 항문, 요도에 삽입하는 형태예요. 요도 삽입형은 비디에스엠BDSM 플레이를 할 때 사용하는 도구입니다.

콘돔하고 윤활제인 젤, 수갑하고 쇠사슬 같은 비디에스엠 용품들도 섹스 토이에 포함할 수 있습니다. 구입할 때 방

수 기능이 있는지 꼭 확인하세요. 씻을 수 있어야 위생 문제를 해결되니까요. 샤워 중에 사용도 할 수 있고요.

삽입형 섹스 토이인 딜도는 처음에는 음경 모양으로 만들었어요. 미학적 요소를 가미해서 가지나 옥수수, 돌고래, 기하학적 모양 등으로 점점 발전하고 있습니다. 앞뒤로 움직이며 피스톤 운동을 하는 형태, 삽입과 음핵 자극을 동시에 할 수 있는 형태, 지스팟을 자극하기 쉽게 앞부분만 꺾어서 각도를 조절하는 형태 등 다양합니다.

바이브레이터의 세계도 엄청나죠. 유선형과 무선형으로 크게 나뉩니다. 고양이 발바닥 모양부터 화장대에 올려놓아도 쉽게 섹스 토이라고 눈치 채지 못할 디자인도 많습니다. 디자인을 신경 쓴 제품, 진동 강도를 강조한 제품 등 독특한 장점을 부각하는 제품들도 나옵니다.

시대 흐름에 맞게 요즘은 원격 조종 섹스 토이도 나옵니다. 모바일 앱을 깔면 먼 곳에서도 전원을 켜고 진동 강도와 움직임을 조정할 수 있죠.

음핵용 섹스 토이도 있습니다. 입술로 음핵을 부드럽게 빨아들이는 느낌을 주는 흡입형 섹스 토이로, 2013년에 독일에서 개발해 세계적 성공을 거둔 제품이 바로 우머나이저입니다. 우머나이저는 제품명이지만 흡입형 섹스 토이의 대명사처럼 쓰이죠. 지금은 여러 회사에서 비슷한 제품을 만들고 있어서 소비자 선택 폭이 더 넓어졌습니다.

오럴 섹스처럼 혀로 애무하는 섹스 토이도 있냐고요? 당연합니다. 혀 모양을 그대로 본 뜬 제품부터 미학적으로 예쁘게 만든 제품도 있습니다. 1990년대에는 조잡한 제품이 많다가 요즘에는 예술 작품처럼 세련된 디자인과 섬세한 움직임을 구현해요. 이런 변천사는 섹스 토이 산업에 종사하는 꽤나 진지하고 진심인 사람들 덕분이죠.

섹스 토이는 엄청나게 종류가 많고 가격도 천차만별입니다. 그래서 뭘 사야 할지 결정하기가 쉽지 않아요. 다행히 요즘은 섹스 토이 판매 회사에서 사용 방법을 알려 주는 웹사이트나 블로그를 운영합니다. 개인적으로 사용 후기를 공유하는 사람도 많으니까 조금 시간 내어 검색해 정보를 수집하기를 권합니다. 섹스 토이 전문 매장에 들러 도움을 받아도 좋고요.

입문할 때는 값싼 제품부터 사세요. 나한테 뭐가 맞는지 처음에는 잘 모르잖아요. 바이브레이터가 좋다는 말을 듣고 산 뒤에 자기가 기계적 '떨림'을 별로 좋아하지 않는다는 사실을 깨달을 수도 있고, 작은 바이브레이터를 음핵 자극, 소음순 자극, 질 삽입 등 다양하게 사용하며 즐길 수 있다는 사실을 알게 될 수도 있습니다. 나한테 잘 맞는 자극 방식을 찾으면 그때는 가격이 높더라도 정품을 사세요. 섹스 토이

우머나이저, 딜도, 바이브레이터

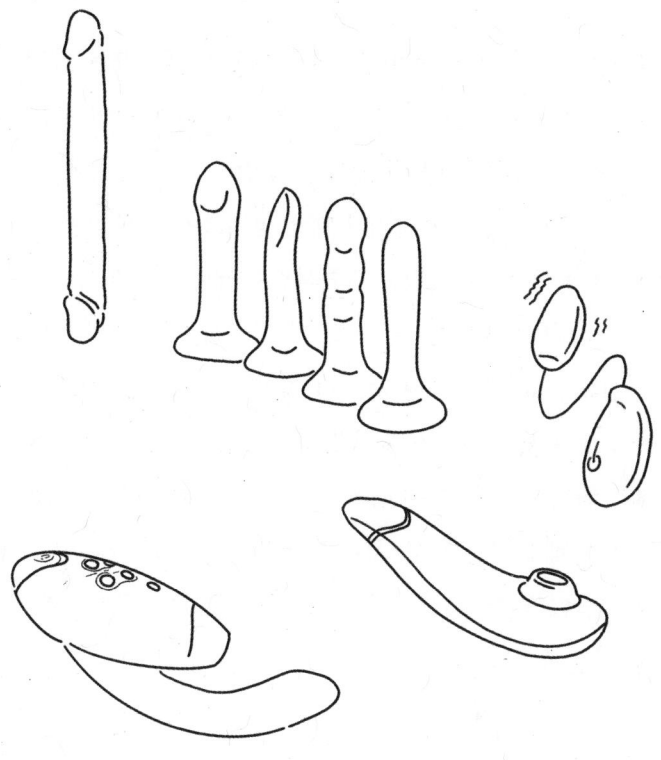

는 워낙 저가 제품이 많고 경쟁이 치열합니다. 이런 까닭에 비싼 제품은 인체에 무해한 좋은 재료를 쓰고 2년 안에 고장 나면 바로 새 것으로 교환해 주는 애프터서비스까지 제공합니다. 이런 부분을 확인하고 선택하세요.

섹스 토이의 힘은 상상력

다음으로 음경 자극용입니다. 여기에서는 텐가라는 회사가 선구적입니다. 예전에 나온 남성형 자위 기구는 여성 신체 모양을 그대로 본떠 만들었어요. 그런데 텐가는 손에 쥐고 사용하기 편하면서도 삽입할 때 음경에 밀착돼 다양한 자극과 압력을 주는 텐가 컵을 집중적으로 개발합니다.

생각해 보면 남성 자위 기구가 반드시 여성 생식기 모양일 필요는 없죠. 남성은 반드시 여성하고 섹스를 해야 한다는 고정 관념에서 벗어나서 음경 자극에 가장 어울리는 형태가 뭘지 고민해 얻은 성과입니다. 아니나 다를까 이런 변화는 전세계 많은 남성, 특히 남성 동성애자들에게 큰 호응을 얻습니다. 다른 곳에서도 자유롭게 발상을 전환하게 되죠. 달걀 정도로 크기를 확 줄여서 가방에 넣어 다닐 수 있는 여행용 제품도 있습니다.

이런 음경 자극용 섹스 토이는 기본적으로 한 번 쓰고 버리는 일회용이에요. 사정한 뒤에 내부에 묻은 정액을 깨끗이 씻기 힘들기 때문이죠. 그래서 다회용으로 만든 제품은 세척하기 쉽게 분리되고 건조도 잘할 수 있도록 따로 거치대가 있어 건조도 잘할 수 있습니다. 음경에 링처럼 끼운 채로 회음부 자극을 할 수 있는 바이브레이터도 있죠.

음경과 회음, 항문을 자극하는 섹스 토이

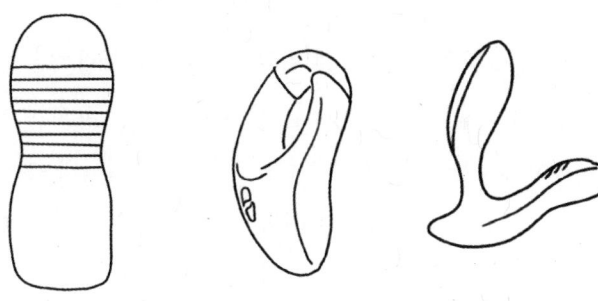

 마지막으로 강조하자면 섹스 토이는 나이가 많거나 장애나 질병 등으로 손이나 몸이 불편한 사람들에게 도움이 됩니다. 마치 혈기 왕성한 비장애인 남성이 넘쳐 나는 성욕을 평범한 방법으로는 다 채울 수 없어 사용한다고 여기는 시선도 있지만, 섹스 토이는 유용한 도구입니다. 우리가 밥을 먹을 때 숟가락, 젓가락, 포크 등 여러 도구를 필요에 따라 쓰듯이요. 섹스 토이는 산부인과 의사들도 사용을 권할 만큼 유용합니다. 전염이나 건강 문제로 타인하고 신체를 접촉하는 섹스를 하기 어려운 사람에게 우머나이저나 바이브레이터 같은 제품은 큰 도움이 되니까요. 섹스 토이는 위생적이고 안전한 도구입니다. '반려 가전'이라는 별명이 상징하듯 내 몸, 내 삶의 흐름에 맞게 긍정적으로 활용하세요.

윤활제 사용법

그전에는 윤활제를 '러브젤'이라고 불렀죠. 사랑하는 연인끼리만 써야 할 듯한 뉘앙스를 풍겨서 요즘은 용도를 분명히 드러내는 윤활제라는 단어가 더 널리 쓰입니다. 노화나 신체 상황에 따라 질이 건조해질 수 있습니다. 건조한 상태에서 삽입 섹스를 할 때 마찰 때문에 상처가 생기기 쉽죠. 윤활제는 이런 일을 막아 줍니다.

윤활제는 수용성 젤, 지용성 젤, 실리콘 젤 등 크게 세 가지 종류가 있습니다. 먼저 지용성 젤은 마사지용일 뿐 삽입 섹스를 할 때 쓰지 않는다고 기억해 두세요. 콘돔을 잘 찢어지게 만들고, 체액에 잘 섞이지 않아서 몸 밖으로 배출되지 않은 채 오랫동안 몸속에 남을 수 있어 건강에도 좋지 않습니다. 젤을 미리 준비하지 않아 급한 마음에 방에 있는 베이비오일이나 바셀린을 대용으로 쓰고 싶을 수 있습니다. 특히 윤활제를 구입하기 힘든 청소년들은 이런 선택을 하기 쉽죠. 그러나 베이비오일이나 바셀린은 지용성입니다. 사용하지 말라고 일러 주세요.

수용성 젤은 끈적이지 않고 물에 잘 녹는다는 장점이 있습니다. 그렇지만 물이 주재료라 방부제나 글리세린이 많이 들어갈 수밖에 없어 피부에 좋지 않은 영향을 줄지도 몰라요. 사기 전에 성분표에 글리세린이 9.9퍼센트를 넘는지 확인하세요. 또한 특이한 색이나 향, 맛을 내는 화학 성분이 들어간 제품은 체내에 흡수될 수 있기 때문에 되도록 피하세요. 수용성 젤은 잘 말라서 섹스하다가 젤을 자주 보충해야 한다는 단점이 있습니다.

수용성 젤이 지닌 단점을 보완하려고 실리콘 젤이 나왔습니다. 실리콘 젤은 체내 흡수가 되지 않아 처음에 한 번만 발라도 오래 유지됩니다. 실리콘이라는 단어 때문에 몸에 해롭지 않느냐며 놀랄 수도 있는데요, 얼굴이나 피부에 바르는 화장품에는 실리콘 성분이 없어야 좋습니다. 실리콘이 모공을 막을 수 있거든요. 그렇지만 모공이 없는 부위인 질이나 직장 점막에서 실리콘은 흡수되지 않고 표면을 촉촉하게 해 주죠. 섹스를 마친 뒤 물로 씻으면 됩니다. 그래서 자궁 적출 수술을 하거나 질 건조증이 있을 때 실리콘 젤을 사용하라고 권장합니다.

실리콘 젤은 콘돔이랑 궁합이 잘 맞지만, 실리콘으로 만든 섹스 토이하고 함께 쓰면 섹스 토이 표면이 망가질 수 있어요. 섹스 토이를 사용할 때는 수용성 젤을 쓰거나, 섹스 토이에 콘돔을 씌운 뒤 실리콘 젤을 사용하세요.

간혹 젤을 신선하게 보관한다며 냉장고에 넣어 두는 경우도 있는데, 막상 사용할 때 체온하고 차이가 나서 깜짝 놀라 성감이 사라질 수도 있어요. 개봉하지 않는 한 서늘하고 어두운 실내에서 2년에서 4년까지 괜찮습니다. 개봉한 뒤에는 사용 기한이 6개월 정도로 길지 않으니 아끼지 말고 쓰면 좋겠죠.

콘돔과 성감

콘돔을 쓰면 성감이 떨어진다는 말을 자주 듣습니다. 사실일까요? 네, 맞습니다. 피부에 뭔가가 하나 덧씌워지는 셈인데 감각이 똑같을 수는 없죠. 다만 성감은 어차피 개개인이 자기 기준에 맞춰 느끼기 때문에 절대적 기준을 정해 감각을 재단할 수는 없습니다. 성감이란 대체 무엇인지도 한 번 질문해 볼 수 있겠죠. 성감을 살리는 일이 섹스에서 가장 중요하냐 같은 질문들요.

    콘돔을 꺼리는 이유는 귀찮기 때문이죠. 콘돔을 준비하고, 뜯어 놓고, 적절한 순간에 잠시 멈춰서 착용하고, 벗어서 묶고, 버려야 하니까요. 피부하고 피부가 맞닿는 느낌이 아니라서 고무 촉감이 싫을 수도 있습니다. 라텍스 알레르기가 있는 사람이라면 피부에 발진이나 가려움증 등이 생길 수 있습니다(라텍스 알레르기가 있는 사람도 쓸 수 있는 콘돔도 개발돼 있습니다).

그런데 이런 증언들도 있습니다. 콘돔을 사용하면 발기 유지 시간을 늘릴 수 있다는 말이요. 음경 구조를 보면 음경 피부 근처로 '배부 신경'이 지나갑니다. 배부 신경이 예민하게 반응하면 발기도 빠르지만 사정도 빨라집니다. 그래서 조루 치료 방법 중 하나로 배부 신경을 몇 가닥 끊는 수술을 하기도 합니다. 수술 대신 콘돔을 한두 겹 착용해 신경을 둔감하게 만들면 '이른 사정'을 막을 수도 있죠.

섹스하다가 성병에 감염되거나 원하지 않는 임신을 할까 봐 걱정하기도 합니다. 원하지 않은 임신이 된다면 임신 중절을 해야 하나 고민하게 되고 스스로 세운 미래 계획을 지킬 수 없을까 봐 초조해지죠. 콘돔을 사용해서 마음이 더 편안해지고 계획된 미래를 보장할 수 있다면 성감이 떨어지기는커녕 더 올라가겠죠.

콘돔을 써야 한다는 원칙을 강조한다고 해서 콘돔 사용률이 올라가지는 않습니다. 한국은 외국으로 수출할 만큼 품질 좋은 콘돔을 생산하는 국가이지만 도리어 콘돔 사용률은 낮은 편에 속합니다. 콘돔을 안 쓰고 섹스할 수 있는 사람이라는 특별함을 누리고 싶은 욕심 탓일까요? 콘돔으로 매독, 임질, 에이즈 등을 예방한다고 하니까 도리어 나는 성병이랑 상관없는 사람이라는 점을 증명하고 싶어서 콘돔 사용을 거부하기도 합니다.

콘돔을 사용하면 성감은 떨어질 수 있지만 성적 만족감은 떨어지지 않습니다. 누구를 위하고 무엇을 위한 성적 만족감인지도 질문해야겠죠. 섹스를 통해 당신은 무엇을 얻고 싶습니까?

라텍스 고무 느낌이 별로 좋지 않다고 해도 분명 콘돔은 피임뿐 아니라 성병 예방에 중요한 실용적이고 효율적인 도구입니다. 아이는 원하지 않는다면서 피임 도구로 콘돔을 사용하지 않겠다고 하거나 몸에 좋은 영양제는 잘 먹으면서 성병을 막아 주는 콘돔은 챙기지 않는 사람이라면, 아무리 사랑한다고 해도 이 사람을 계속 사귀고 성관계를 맺을지 진지하게 생각해 봐야 하지 않을까요. 인류의 위대한 발명품을 대체 왜 안 쓰려고 하는지 말입니다.

청소년은 콘돔을 사지 못한다는 말도 떠돌지만, 법적으로 아무 문제가 없습니다. 특수 콘돔만 구입하지 못할 뿐입니다. 피임이나 성병을 예방하는 목적으로 콘돔을 사용할 수는 있지만 성적 자극을 높일 목적으로 사용하지는 말라는 말이죠. 참 이상하지 않나요.

콘돔은 고대부터 있었답니다. 그때는 콘돔을 사용하고 싶어도 너무 비싸고 관리가 힘들어서 아무나 쓸 수 없었습니다. 19세기 중반 천연고무를 생산하기 시작한 뒤 1920년

다양한 콘돔들

대에야 천연고무를 활용한 콘돔이 등장합니다. 가격이 저렴해서 누구나 사용할 수 있었죠. 그 뒤로 콘돔은 계속 발전했습니다. 특수 콘돔이라 해서 돌기가 나온 형태도 있고, 피부처럼 자연스럽게 느껴지는 아주 얇은 콘돔도 나왔죠. 초박형 콘돔이라고 하는데, 지금 0.01밀리미터까지 얇아졌습니다. 라텍스 알레르기가 있는 사람을 위해 폴리우레탄이나 폴리이소프린으로 만든 콘돔도 있습니다.

일부러 민감한 귀두 부분을 두껍게 만들거나 마취 성분을 발라서 사정을 지연시키는 콘돔도 있고, 콘돔 앞부분에 정액을 받는 꼭지가 없는 콘돔도 나옵니다. 음경 모양이랑 똑같아서 끝까지 밀착되는 장점이 있습니다. 무엇을 쓰든 사정을 하면 곧장 피스톤 운동을 멈추고 콘돔을 빼야 한다는 사실은 기억해 두세요.

마지막으로 질 안에 착용하는 여성형 콘돔인 페미돔이

있습니다. 지금은 한국에서 구하기 어렵습니다. 1990년대 중반에는 전국 약국에서 판매하다가 지금은 수입업체가 없어졌습니다. 외국 직구를 한다고 해도 관세청에서 통과가 쉽지 않다고 합니다.

기대되는 섹스 — 전희와 후희

전희와 후희라는 단어는 마치 본론에 해당하는 섹스가 따로 있는 듯한 인상을 줍니다. 그렇지만 전희와 후희는 독립적으로 중요한 섹스입니다.

앞 강의에서 온몸에 혈액 흐름이 좋아야 한다, 근육이 긴장하지 않아야 하고 신경은 잘 깨어 있어야 한다고 강조했죠. 상대가 내 벗은 몸을 보고 실망하면 어떡하지, 혹시 내가 무슨 실수를 저지르면 어떡하지 하면서 온갖 걱정에 휩싸일 수도 있습니다. 그렇지만 그런 식으로 평가할 리 없고 나를 향한 사랑은 변하지 않는다고 마음을 먹어야 혈관, 근육, 신경이 모두 열리고 편안한 상태가 됩니다.

자위할 때도 자기 자신에게 이런 말을 들려 줄 필요가 있습니다. 만약 상대가 있는 섹스를 한다면 서로 이런 말을 들려 줄 수 있어야겠죠. 말뿐 아니라 부드럽고 따뜻한 행동으로 전희와 후희를 해야 합니다.

    1강 때 다룬 부교감 신경과 교감 신경 기억하죠? 성과학자들은 오르가슴을 동공이 확장되고 심장 박동수가 올라가는 측정 가능한 몸 상태로 설명했는데요. 교감 신경이 하는 일을 설명할 때랑 똑같습니다. 그러니 교감 신경이 작동하기 전에 먼저 부교감 신경을 충분히 활성화해야겠죠. 어떻게 해야 하는지는 2강에서 써 본 사용 가능한 기술 목록을 떠올리면 됩니다. 앞으로 가서 내가 해 본 일이 뭔지, 아직 안 한 일이 뭔지, 뭘 잘하는지 등을 생각해도 좋겠죠.

    전희라고 해서 꼭 밤이 깊어지고 잠자리에 들어가서야 시작하지는 않습니다. 아침에 '우리 오늘 뭐 할까' 할 때, 아니면 일주일 전에 집 앞으로 산책 나갈 때부터 전희가 시작될 수 있습니다. 이것뿐인가요? 약간 지쳐서 집에 들어오니까 상대가 밀린 설거지를 다 해 놨어요. 내가 할 차례인데 대신 해 주니까 고맙고 사랑스럽지 않을까요? 상대랑 섹스를 하고 싶어하면서, 섹스 못 한 지 오래된 사이라고 투덜거리면서 상대를 위해 설거지나 청소, 빨래도 하지 않으면 얼마나 이상한가요. 섹스를 그저 성욕이 동하면 생식기를 결합하는 일이라고 생각하지 않는 한요.

    후희는 이렇게 생각해 보죠. 절정에 도달하면 온몸이 긴장해서 피가 생식기로 쫙 몰리죠. 그러다가 피가 풀리면 허

탈하거나 허전해질 수도 있어요. 특히 음경은 피가 몰리고 빠지는 변화가 명확히 눈에 보이거든요. 아무리 짜릿하고 좋다가도 사정을 하고 나면 허무해진다고 말하는 사람도 많습니다. '사정이 곧 오르가슴'이라고 생각하는 사람일수록 허무한 마음은 더 크죠. 이런 허무함을 극복하겠다고 섹스 횟수를 늘려서 해결하려 할 때 '남자는 원래 성욕이 강하고 기회만 있으면 섹스하고 싶어한다'는 논리가 견고해집니다. 그렇지만 오르가슴이 순식간에 끝나 버리는 현상은 어차피 똑같죠. 사정 중심 관점에서 벗어나 성적 만족감을 좀더 충만하게 느끼는 방법으로 전환하는 노력이 필요하죠.

많은 사람이 놓치는 한 가지가 '성교통'입니다. 섹스할 때 통증이 수반되는 경우가 많습니다. 특히 삽입 섹스에서 그래요. 순간적으로 극심한 통증이 외음부나 항문에서 생기기 때문에 깜짝 놀라고 불쾌한 감정이 확 밀어닥칩니다. 포르노를 많이 본 사람들은 상대가 아프다고 해도 사실은 좋으면서 반대로 하는 말로 여기기도 해요. 아닙니다. 사랑하는 이든 오늘 처음 본 낯선 상대이든 당신은 다른 사람이 아프기를 원하나요?

또 다른 문제는 섹스란 당연히 아프다고 잘못 알고 있거나 아프다고 말하기가 부끄러워서 통증을 참는 경우가 흔하다는 사실입니다. 한두 번은 모르지만 통증이 반복되면 섹스가 두려워집니다. 다음 섹스를 기대하는 마음이 생길 리가 없죠.

후희는 이런 문제들을 해결할 수 있어서 중요합니다. 다음 섹스가 기대되려면 방금 한 섹스가 좋은 기억으로 남아야겠죠. '그날 참 좋았지'라고 생각하고 일주일 뒤에도 '일주일 전에 좋았어'라고 떠올릴 수 있게 해 주는 과정이 바로 후희입니다. 섹스한 뒤에 하는 돌봄이죠. 따뜻하게 안고 서로 심호흡하며 긴장한 근육들이 서서히 풀리는 현상을 같이 느끼는 일, 좀 전까지 열이 나고 덥다가도 지금은 추울 수 있으니 서로 이불을 챙겨 덮는 일, 섹스 도중이라 차마 못 한 이야기이지만 어떻게 할 때 좋고, 어떻게 할 때 아프거나 힘들더라고 대화하는 일 등이 후희입니다.

일상생활에서 섹스처럼 짧은 시간 안에 감정과 혈류량, 근육과 신경이 격렬하게 변하는 일은 거의 겪기 힘듭니다. 이런 점이 섹스의 특별함이자 장점이죠. 그래서 섹스를 끝낸 뒤 특별한 일을 마친 성취감도 들 수 있어요. 이 성취감을 함께한 사람하고 나누세요.

자위도 마찬가지입니다. 다른 사람 눈에 띌까 봐 허둥지둥 뒷정리를 하지 말고 편안하게 누워서 몸의 변화를 느껴 봐요. 방금 받은 느낌이 무엇이고 왜 좋게 느껴지는지도 생각해 보고요. '또 쓸데없이 정액 낭비했구나, 성욕의 노예가

됐구나' 하고 비하할 필요가 없어요. '오늘도 내가 나 자신을 잘 사랑해 줬구나' 하고 생각하면서 10분 정도라도 몸과 마음을 정리하는 시간을 보낸 뒤 일어나서 깔끔하게 뒷정리를 해 보세요.

생각해 보면 성폭력에는 전희와 후희가 없습니다. 처음부터 자기 마음대로 하겠다는 목표뿐이니까요. 우리는 이런 태도를 폭력이라고 합니다. 위력에 의한 성폭력을 저지른 이들은 특히 자기는 이미 피해자에게 충분히 보상한 사람이라는 둥 뻔뻔한 변명을 늘어놓는 일이 많은데, 바로 이런 탓입니다. 그렇지만 어떤 변명도 소용없어요. 권력을 사용할 생각이 없었다면, 정말 상대를 존중했다면, '가만히 있어서 동의하는 줄 알았다' 같은 말을 할 수가 없거든요. 무고를 걱정할 일도 없죠. 두 사람이 서로 흔쾌히 뜻을 맞춘 구체적인 과정을 진술할 수 있을 테니까요.

술을 지나치게 마시고 섹스를 하지 말라는 조언도 원리는 같습니다. 술을 마시면 섹스가 끝난 뒤 긴장이 풀리면서 바로 졸음이 쏟아지죠. 두 사람이 동시에 잠들지 않는 한 잠들지 못한 한 사람은 서운할 수밖에 없습니다. 그러니 후희를 하고 잠들 수 있는 체력은 남겨 놓아야 해요. 후희를 하지 않으면 분명 후회할 일이 생깁니다.

● ● ●

질의 ●
　　 ●
응답 ●

남성용 자위 도구를 어떻게 생각해야 할까요? 특히 리얼 돌을 어떻게 바라봐야 할지 성교육가로서 고민이 될 때가 있어요.

여성을 위한 섹스 토이와 남성을 위한 섹스 토이의 기본 원리는 똑같습니다. 차이는 소장 방법과 상상하는 방식에서 나타나죠. 여성용 자위 도구는 가볍고 귀엽고 작은 크기를 지향하며, 가격대가 비싸도 수십만 원 정도입니다. 반면 남성용 자위 기구는 손에 쥘 만한 소형도 있지만 실제 사람 크기까지 다양한데다가 무겁고, 수백만 원이 넘는 비싼 제품까지 있습니다. 이런 차이는 왜 생길까요?

　리얼 돌은 머리부터 발끝까지 여성 신체를 본떠 만든 자위 기구입니다. 그래서 여성의 몸 자체를 상품화한다는 논쟁도 벌어지죠.

　　대법원이 리얼 돌 수입을 허가하면서 몇 년 전에 큰 이슈가 됐습니다. 지금은 조용하지만, 리얼 돌은 여전히 판매되고 있습니다. 리얼 돌로 섹스하는 데까지만 생각하기 쉽지만, 우리는 리얼 돌을 관리하는 방법도 생각해 봐야 합니다. 그럼 '리얼 돌로 성욕을 푼다, 남성을 위해서 리얼 돌이 필요하다'는 말이 좀 다르게 들리기 시작할 거예요.

리얼 돌은 일단 수백만 원이 넘어가서 지출이 크다는 단점도 있지만, 진짜 문제는 세척이에요. 사정하고 나면 140센티미터에서 170센티미터에 이르는 리얼 돌을 끌고 욕실로 가서 정액이 내부에 남아 있지 않게 깨끗하게 세척해야 합니다. 정액이 남아 있으면 부패할 테니까요. 그런 다음 다시 밖으로 끌고 나와 수건으로 닦고 드라이어로 조심스럽게 잘 말려야 해요. 그래서 좀더 비싼 제품은 생식기 부분만 탈부착할 수 있게 나옵니다. 그래도 씻고 말려야 하는 일은 변함없죠. 리얼 돌 관련 정보를 공유하는 곳에는 콘돔을 쓰면 씻지 않아도 된다는 팁을 알려 주거나 물티슈로 닦아도 괜찮더라고 증언하는 글들이 올라옵니다.

이쯤 되면 가격이 비싼데다 관리와 세척, (남들 눈에 띄지 않게) 보관도 힘든 리얼 돌을 왜 굳이 선호하는지 궁금하지 않으세요? 어떤 심리가 작용하는지, 리얼 돌을 소유하는 행위가 어떤 의미인지 등 우리가 생각해 볼 부분은 많습니다. 리얼 돌 사용은 나쁘고 수입을 금지해야 한다는 접근으로는 여성 비하에 기반한 성 문화를 바꾸기 어려워요.

질 건조증이 심한 사람은 어떻게 섹스를 해야 할까요?

질 삽입을 중심으로 말하자면, 질 입구에는 바르톨린선이 있어서 바르톨린선액이 나와 촉촉하게 적시죠. 질 내부에서는 자궁경부 점액을 비롯한 분비물이 나오는데다가 여러 자극까지 더해지면 더 많은 분비물이 나옵니다. 예전에는 애액이라고 부르다가 요즘은 질액이라고 하죠. 질 건조증은 질액이 줄어서 생깁니다. 대표적으로는 완경기로 접어들면서 호르몬 변화와 노화 때문에 생기는데, 질염이 있거나 난소를 제거한 경우에도 발생합니다.

질이 건조하면 삽입하거나 피스톤 운동을 할 때 마찰 때문에 상처가 나면서 출혈과 염증이 생길 수도 있습니다. 한번 통증을 느끼면 또 통증을 느낄까 봐 두려워서 몸이 긴장하니 점점 섹스가 싫어지고 하고 싶은 마음이 없어지죠. 그래서 무엇보다 이 '성교통'을 완화하거나 없애는 데 중점을 둬야겠죠. 병원에서 호르몬 분비를 돕는 약을 처방받을 수도 있고 윤활제를 써도 좋습니다.

이런 제안도 해 봅니다. 꼭 질 삽입 섹스만 해야 하지는 않으니까요. 핑거 섹스나 오럴 섹스도 있고, 다양한 섹스 토이를 활용하는 방법도 염두에 두고 새로운 도전을 즐겨 보세요. 질이 건조해지는 원인과 선호하는 섹스 스타일에 따라 해결 방법은 달라지겠죠.

새로 산 딜도가 삽입할 때 아파서 바로 사용을 포기했습니다. 뭐가 문제일까요?

몇 가지 경우의 수를 점검해 보겠습니다.

첫째, 크기와 재질이죠. 딜도는 음경 평균 크기보다 크게 나오는 경우가 많습니다. 크기를 확인하고 사세요. 부드러운 실리콘 재질이 아니라 크리스탈이나 딱딱한 실리콘으로 만든 제품도 있어요. 단단함도 개인 선호에 따라 달라지니까 처음이라면 부드러운 제품이 좋습니다.

둘째, 작은 사이즈로 신경 써서 고른 제품인데도 통증을 느낀다면 질 입구 쪽 근육이 긴장한 탓이에요. 딜도라는 낯선 도구에 심리적 부담이 전혀 없을 수는 없죠. 충분히 전희를 해서 근육을 이완하고 핑거 섹스나 오럴 섹스 등을 통해 삽입을 좀더 편안하게 받아들일 수 있게 해도 좋습니다.

셋째, 드문 경우이지만 섹스 토이가 차가워서 깜짝 놀라는 바람에 근육이 수축될 수 있습니다. 삽입 전 따뜻한 수건으로 섹스 토이를 감싸 체온하고 비슷하게 맞춰 줍니다.

넷째, 콘돔과 윤활제를 쓰는지 궁금하네요. 섹스 토이를 사용할 때 콘돔과 윤활제는 반드시 같이 써야 하는 단짝 친구입니다.

보통은 네 가지 이유 중 하나입니다. 처음에는 힘들어하는 경우가 흔합니다. 그러니 한 번 시도한 뒤 포기하지 말고 몇 번 더 도전해 보기를 권합니다. 아픈데도 참고 억지로 할 필요는 전혀 없습니다. 한 번 크게 통증을 느끼면 다시는 하고 싶지 않으니까 '나를 위해 한 번만 참아 달라'고 요구하지도 마세요.

다만 섹스 토이 자체를 싫어하는 사람도 있고, 파트너가 원해서 하는 수 없이 구입한 제품이지만 흔쾌하지 않을 수도 있어요. 이럴 때는 당연히 삽입 때 아픕니다. 심리를 바로 반영해서 질 근육은 질 입구를 닫아 버리거든요. 그러니 사용 전에 딜도를 가지고 노는 시간도 만드세요. 두 사람이 함께 흥미진진한 모험을 떠난다고 생각하면서 충분히 시간을 두고 찬찬히 시도해 보세요.

더 즐겁기 위해 섹스 토이를 쓰는데, 즐길 수 없다면 미련 없이 버리세요. 괜찮습니다. 딜도 말고도 섹스 토이는 다양하니까요. 만족스런 섹스 토이를 찾는 노력은 인생에서 충분히 기울여 볼 만한 노력이에요.

나는 얼마나 알고 있나 정답

① X ② X ③ O ④ X ⑤ X ⑥ O

4강

자유롭고 건강하게 누리기
성을 평생 즐긴다는 것은 진짜일까?

우리 사회는 성에 관한 금기와 터부, 낙인과 비난이 강하게 작동하고, 연령과 성별에 따라 제약도 많습니다. 그래서 성에 관해서 말하고 토론하고 배우고 가르치기 어렵죠. 이번 시간에는 금기를 넘어 건강하게 오래오래 성을 즐기고 누릴 수 있게 비디에스엠, 성병, 피임, 노년의 성까지 이야기를 확장해 볼까요.

나는 얼마나 알고 있나

다음 문장을 읽고 맞음(O)이나 틀림(X) 표시를 해 보세요. 4강 본문에 답이 없는 문제도 있지만 답을 찾는 탐험을 해 보기 바라요.

① 상대를 위험하게 만드는 행위는 폭력이지 비디에스엠이 아니다. (O, X)
② 질염하고 상관없이 질에서는 항상 분비물이 흘러나온다. (O, X)
③ 정자는 자궁 안에서 최대 7일까지 생존할 수 있다. (O, X)
④ 고환에서 만들어진 정자가 정관을 따라 이동해 정관의 팽대부에 도착하는 데 3일 정도 걸린다. (O, X)
⑤ 피임을 위해 미레나 시술을 선택하면 의료보험 적용을 받을 수 있다. (O, X)
⑥ 성병 바이러스로 유명한 인유두종바이러스는 오직 생식기와 생식기 주변으로 감염된다. (O, X)
⑦ 여성은 완경하면 에스트로겐 분비량이 줄기 때문에 테스토스테론 분비량이 더 많아지는 시기가 온다. (O, X)
⑧ 난소에 있는 난자 수는 일평생 계속 달라지는데, 난자 수가 많은 시기는 10대 후반에서 20대 초반이다. (O, X)

가장 완전하고 평등한 섹스, 비디에스엠

비디에스엠은 가장 안전하고 평등한 섹스입니다. 질 삽입 섹스로 만족이 안 돼서 자극을 찾고 찾다가 비디에스엠까지 한다고 오해하지만, 아닙니다. 만약 비디에스엠이 위험하다면, 악용하는 사람들 때문입니다. 그래서 비디에스엠을 제대로 활용하고 어떻게 악용을 막을지 관심을 가져야 하죠.

'비디에스엠'은 합성어입니다. '비디[bd]'가 한 세트, '디에스[ds]'가 한 세트, '에스엠[sm]'이 한 세트예요. 결박[bondage]/훈육[discipline], 지배[domination]/복종[submission], 가학[sadism]/피학[masochism]을 합쳐서 '비디에스엠'이라고 합니다. 각자 취향에 따라 좋아하는 부분이 다릅니다.

비디에스엠의 세계는 상상보다 더 넓고 깊습니다. 비디에스엠 플레이를 해 보고 싶지만 해도 되는지 망설이는 사람도 있을 수도 있고, 해 보고 싶은 마음도 없으며 남들이 하는 이유도 이해가 안 되지만 성교육자나 상담사로서 비디에이스엠을 알고 싶은 사람도 있어요. 비디에스엠에 관심을 갖는 10대와 20대가 예전보다 많이 늘어났거든요. 이런 사람을 위해 비디에스엠에 관한 편견을 없애는 쪽에 맞춰 설명하려고 합니다. 애널 섹스를 설명할 때도 강조한 대로, 해 보고 싶으면 해도 돼요. 관심 없으면 굳이 할 필요 없어요.

내가 어떤 섹스를 할지는 내가 뭘 원하는지를 중심으로 생각하고 선택하고 결정하면 됩니다.

소설 《그레이의 50가지 그림자》가 세계적으로 크게 히트를 치면서 비디에스엠에 관심이 쏠렸습니다. 물론 비디에스엠을 왜곡한 소설이라고 비판받죠. 그래서 비디에스엠의 세계를 공부하고 싶다면 차라리 한국 웹툰인 《모럴센스》를 보라는 사람도 있죠. 저는 고전 반열에 오른 2003년 영화 〈세크리터리〉를 추천합니다. 요즘은 비디에스엠에 관련해 당사자 경험담과 입문자용 정보를 제공하는 글도 인터넷에서 읽을 수 있고, 안전하게 하기 위한 교육 차원 워크숍도 종종 열립니다. 오늘 강의에서는 비디에스엠을 하는 방법을 알려 드리지 않을 거예요. 짧은 시간 안에 다룰 수 있는 주제도 아닌데다 비디에스엠에 관한 편견과 오해를 걷어 내면 정확한 정보와 지식을 습득하기가 더 쉬워진다는 점을 염두에 뒀습니다.

비디에스엠이 가장 안전하고 평등한 섹스라고 한 이유는 계약 관계를 기본으로 시작하기 때문이에요. 두 사람이 동등하지 않으면 계약이 아니잖아요. 비디에스엠 관계에서 노예 계약서를 작성하지만, 각자 맡은 역할과 할 일을 약속하는 계약이지 상대의 인권을 존중하지 않아도 된다는 허가서이거나 마음대로 나를 유린하라는 동의서는 아닙니다. 이

안전하게 사용할 수 있게 개발한 비디에스엠 도구들

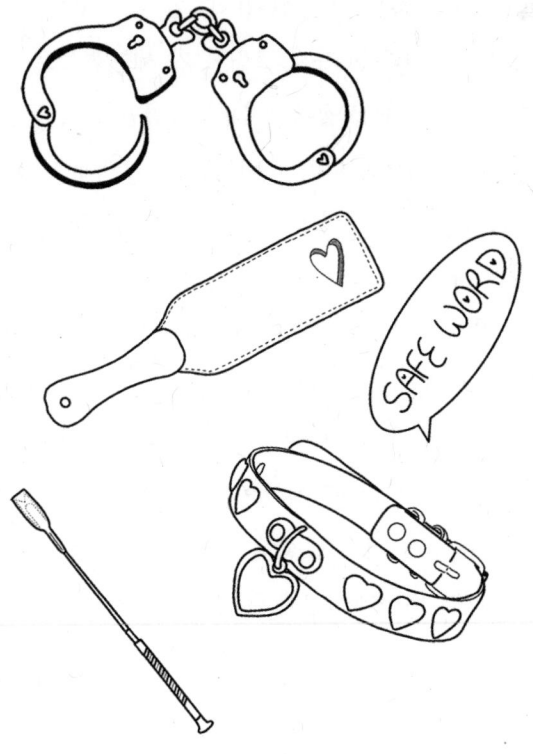

런 약속을 지키는 도구로서 세이프 워드가 있습니다. 세이프 워드란 멈추라는 의미입니다. 이를테면 채찍으로 열 대를 때린다고 약속하고 시작하지만 중간에 그만두고 싶을 수 있습니다. 이때 '멈춰' 하고 말하면 이 말이 진심인지 역할 중 하나로 던지는 말인지 상대가 정확히 파악하기 어렵습니다. 그래서 이런 상황에서 절대 나오지 않을 말이라서 헷갈리지 않을 단어 하나를 세이프 워드로 정하죠. 그래서 이 말을 들으면 상대는 바로 행위를 멈춥니다.

비디에스엠을 변태나 비정상이라고 하면 안 된다고 강조하는 이유는 폭력과 동의를 분별하는 명확한 감각을 기를 수 있기 때문입니다. 세이프 워드라는 장치 덕분에 상대가 진심으로 그만두라고 할 때 바로 그만둡니다. 상대가 하는 말을 무시하는 폭력은 비디에스엠이 아니라 '평범한 섹스'에서 더 많이 일어납니다.

영화에서 촛농을 떨어트리는 장면을 보고서 그대로 따라하면 안 됩니다. 영화는 장면을 생략하면서 과정도 생략하죠. 평범한 양초를 쓰면 화상을 입을 수 있습니다. 에스엠 플레이에서는 촛농 온도가 45도 정도인 저온 초를 사거나 직접 만들어서 사용합니다. 화상 등을 막으려고 몸에 오일이나 로션을 미리 바릅니다.

바닐라라는 말이 있어요. 비디에스엠을 하지 않는 사람, 일반적 섹스를 하는 사람을 가리킵니다. 무성향자라고 부르기도 하죠. 그런데 가끔 비디에스엠 성향이 있다며 속이고 비디에스엠 커뮤니티에 들어오는 바닐라들이 있습니다. 평등한 관계에서 계약을 맺고 안전하게 플레이를 진행해야 한다는 약속 등을 지킬 생각은 전혀 없고, 자기 마음대로 해도 경찰에 신고하지 못한다는 점을 악용하죠. 이런 경우를 '변태 바닐라'라고 합니다.

'텔레그램 성 착취 사건'을 고발한 '추적단 불꽃'에서 이런 변태 바닐라들이 청소년을 대상으로 저지르는 범죄를 고발하는 작업을 했어요. 청소년 성 상담사나 교육자라면 검색해서 관련 기사를 꼭 읽어 보시기 바랍니다. 이런 일이 꼭 청소년에게만 일어나지 않아요. 성인도 당할 수 있습니다. 기억하세요. 비디에스엠은 위험하지 않습니다. 안전성을 미리 확인하고 위험을 예방하려는 노력이 없다면 비디에스엠이 아닙니다. 주인과 노예로 부르기로 약속하고 서로 맡은 배역에 충실할 수는 있지만, 이 관계는 평등과 안전이 전제입니다. 그러므로 주인과 노예라는 이유로 돈을 요구하고 협박하거나, 다칠 수 있는 물건을 질이나 항문에 삽입하라고 요구하거나, 특정 사진을 찍어서 보내라고 하는 행동은 비디에스엠이 아닙니다. 폭력입니다.

성교육 강사나 성 상담 교사들이 이 점을 명확히 알아두면 좋겠습니다. 비디에스엠에 관심이 있거나 하고 있다는 청소년을 만나도 당황하지 말고 계약을 어떻게 맺고 있고 계약 내용 중에 잘못된 조항은 없는지 같이 살펴보는 쪽이 차라리 낫습니다. 계약서를 무조건 지키라고 강요해서 하는 수 없이 따르는 경우도 있거든요. 이럴 때 그런 계약을 꼭

지킬 필요는 없다고 조언할 사람이 있으면 도움이 될 테니까요. 특히 채팅 등을 통해 자기는 전혀 책임지거나 돌봐 주지 않으면서 몸속에 깨질 만한 물건을 넣는 등 위험한 행위를 요구한다면 무책임한 행동일 뿐 비디에스엠이 아니라고 말해 줘야겠죠. 비디에스엠 관계를 빙자해 상대를 착취하는 범죄를 저지르는 사람들이에요. 특히 계약서를 명확하게 작성하지 않은 채 몇 번 만나 서로 익숙해진 사이니까 대충 말로 약속한 상태로 치자고 할 수 있습니다. 상대를 믿고 그러자 했는데, 놀랍게도 이때부터 태도를 바꿔 세이프 워드도 지키지 않고 강압적으로 행동합니다. 그렇다고 해서 막상 경찰에 신고하기도 쉽지 않습니다. 경찰이 잘 이해하지 못하는 경우가 많으니까요(그래서 경찰도 비디에스엠에 관해 정확한 교육을 받아야 합니다). 그러니 안전하게 섹스하기 위한 노력을 충분히 기울이는 일도 비디에스엠인 셈입니다.

성병, 네 가지만 기억하자

성병 이름과 증상을 다 외울 필요는 없습니다. 너무 복잡해서 지레 예방 자체를 포기하고 싶어지니까요. 그래서 꼭 알아야 할 기본 사항만 일목요연하게 정리했습니다. 이 정도는 꼭 머리에 넣어 두자고요.

먼저 성병이라는 병이 따로 있지는 않아요. 성병은 '성을 매개로 감염되는 질환'이라는 의미일 뿐입니다. 이를테면 질염이라고 해서 모두 성병은 아니고 성행위로 전염돼 발생한 질염일 때 성병으로 부르죠. 생식기를 중심으로 보면 요도염, 질염, 자궁경부염, 바르톨린염, 자궁경부암, 부고환염, 요도염, 음경암, 인체면역결핍바이러스^{HIV}/후천성면역결핍증^{AIDS} 등이 있지만, 간, 구강, 인두, 후두, 눈 점막, 항문 등에도 생길 수 있습니다.

성병에 관해 알아야 할 네 가지
1. 박테리아, 바이러스, 곰팡이균, 기생 곤충 등이 원인이다.
2. 파트너를 거쳐 전염된다.
3. 대체로 치료할 수 있다.
4. 평소에 외음부와 음경의 피부 상태나 분비물을 잘 살핀다.

성병에 관해서는 이것만 기억하면 됩니다. 첫째, 성병은 박테리아, 바이러스, 곰팡이균, 기생 곤충이 원인입니다. 이 네 가지는 평소에 가만히 있다가 특정 환경이 되면 활발히 움직이고, 생명체의 몸에서 몸으로 옮겨 다니죠. 그러니 성병을 막으려면 일단 신체 접촉 때 감염에 유의하고, 내 몸에 옮는 일이야 어쩔 수 없다 해도 활발히 잘 살 수 있는 특정 환경은 만들지 않아야 한다는 말을 바로 이해할 수 있죠? 그러니 둘째로 전염 안 되게 하는 예방책으로 일단 콘돔을 써야죠. 이 정도 노력도 하지 않는 사람하고는 섹스하지 않는 것이 원칙이 되면 좋습니다. 셋째, 성병은 악명이 높지만 대부분 치료할 수 있습니다. 그러니 성병을 걱정하고 부끄러워하고 감추거나 모른 척하지 말고 빨리 검사받고 빨리 치료받은 뒤 재발하지 않게 노력하면 됩니다. 괜한 낙인과 편견, 수치심은 버리자고요. 검사와 치료를 빠르게 받으려면 뭘 해야 할까요? 병원에 가야 할지, 아니면 가지 않아도 될지를 빨리 판단해야겠죠. 그러니 넷째로 성병 감염을 빨리 알 수 있게 평소에 외음부나 음경 피부 상태와 분비물을 살피면 좋습니다. 바이러스, 곰팡이균, 박테리아, 기생충은 눈에 보이지 않을 만큼 작고 수건 같은 데에도 살 수 있어서 섹스가 아닌 경로로 감염될 수 있습니다. 그러니 섹스를 하든 안 하든 자기 몸을 살펴볼 수 있어야겠죠.

병원에 가야 할 때를 판단하는 법

일단 여성은 질 분비물과 외음부 피부 상태를 봐야 해요. 질 분비물은 무색무취하지만 그렇다고 냄새가 전혀 없지는 않아요. 대음순에 땀샘이 있어 땀도 나는데다, 현대인은 앉아 있는 시간이 많기 때문에 냄새가 어느 정도 날 수밖에 없습니다.

질에서는 항상 분비물이 흘러나와요. 속옷이 젖을 때도 있고, 약간 묻을 때도 있고, 전혀 안 나온다 싶을 때도 있어요. 질 분비물은 월경 주기에 맞춰 함께 변합니다. 처음에는 투명한 액체로 조금 나오다가 점점 양이 늘어납니다. 배란기가 되면 자궁경부에서도 점액이 나오기 때문에 끈적한 느낌이 강해져요. 그러다 탁한 흰색 분비물로 바뀌고 월경을 시작해요. 월경이 끝난 직후에는 분비물이 거의 안 나오다가 며칠 뒤에 투명한 분비물이 조금씩 나오기 시작합니다.

질 분비물이 끊임없이 밖으로 흘러나오는 증상은 좋은 일입니다. 질 속으로 나쁜 균이나 바이러스가 들어온다고 해도 다시 밀려 나올 테니까요. 그래서 분비물로 질 내부 상태를 살필 수 있죠. 이때 질의 자가 치유 능력을 믿어야 한다고 강조하고 싶어요. 잘 먹고 잘 쉬면서 체력을 올려 주면 질은 나쁜 균을 다 물리치고 며칠 만에 다시 괜찮아지는 경우가 많습니다. 며칠을 지켜봐도 안 좋은 증상이 계속된다면 그때는 병원에 들러 도움을 받아야 해요.

분비물이 녹색이나 노란색을 띠거나, 악취라고 할 만큼

심하게 냄새가 나거나, 팬티를 적시는 정도를 넘어설 정도로 많은 양이 나오거나, 질감이 콩비지 같은 흰색 분비물이 나오면 신경 써야 해요. 만약 이런 변화가 일어나면서 외음부가 가렵고 따갑거나, 붉은 반점이 생기거나 빨갛게 붓거나, 뭔가 오돌토돌 나거나, 소변보거나 삽입할 때 통증이 느껴지면 더 미루지 말고 바로 병원으로 가세요. 소음순이 붓고 통증이 있다면 바르톨린선염일 수 있습니다. 병원에 가서 항생제 처방을 받으면 됩니다.

질과 외음부 건강을 위해 팬티 라이너나 질 세정제를 쓰라는 광고를 접하지만 되도록 사용하지 않아야 좋습니다. 외음부는 통풍이 중요해서 팬티 라이너보다는 면 속옷이 낫고, 분비물 때문에 찜찜하다면 번거로워도 자주 갈아입어야 합니다. 질도 자가 치유 능력이 있다고 말했죠. 질은 적절한 산성도 유지가 중요하기 때문에 화학 약품을 쓰기보다 자연스럽게 균형을 맞추게 두는 편이 낫습니다. 제약 회사는 쓰라고 하지만 산부인과 의사들은 대부분 질 세정제를 권하지 않습니다. 꼭 필요하다고 판단될 때 세정제 처방을 내리는 경우를 제외하면 말이죠.

소변을 보고 나면 휴지로 닦는 사람이 많죠. 나이가 들수록 소음순이 커지고 늘어지면서 소변이 소음순에 묻을 수 있습니다. 그래서 자주 닦게 되는데요. 이때 깨끗하고 부드러운 휴지를 써야 합니다. 거친 휴지는 피부를 긁을 수 있고 자칫 더러우면 균이 옮을 수 있으니까요. 공중화장실 휴지 상태가 믿을 만하지 못하다면 아예 닦지 않는 편이 더 좋습니다.

음경과 고환도 평소에 자주 살피기가 가장 좋은 관리법입니다. 음낭은 때때로 만져 봐야 해요. 음낭에 통증이 있거나, 부기가 있거나, 혹이 있고 따갑다면 클라미디아 감염에 따른 고환염일 수 있거든요. 딱딱한데 통증은 느낄 수 없는 작은 혹이 음경이나 음낭에 보이면 곤지름일 수 있습니다. 인유두종바이러스^{HPV} 때문이죠. 소변을 보면서 화끈거리거나 통증이 느껴질 때, 요도가 가렵거나 요도에서 유백색 분비물이 나올 때는 요도염이나 임질일 수 있습니다.

정액 색깔은 원래 흰색, 노란색, 회색 등 사람마다 조금씩 달라요. 그렇지만 적갈색을 띠면 바로 병원에 가야 합니다. 피가 섞여 나온다는 의미인데, 내부 기관 어디에서 생긴 출혈인지 확인해야 하거든요.

월경 컵과 질염

성병과 건강에 관련해 두 가지만 더 짚어 볼게요. 먼저 월경 컵이에요. 질염을 앓을 때 월경 컵을 쓰면 세균 감염이 돼 염증이 더 심해진다며 걱정하는 사람들도 있습니다. 월경 컵 사용 원칙은 끓는 물 소독과 깨끗한 손 씻기입니다. 그러므로 월경 컵을 넣고 빼는 과정에서 세균 감염을 기본 변수로 생각하면 안 되겠죠? 다만 월경 컵이 세균을 가두는 효과는 낼 수 있기 때문에 착용 시간은 4시간에서 최대 12시간을 넘기지 말아야 해요. 생리대나 탐폰도 마찬가지죠. 자주 교체해야 하죠. 다만 월경 컵을 능숙하게 사용하지 못하면 넣고 빼는 과정에서 질이나 자궁경부에 상처를 낼 수도 있어요. 이런 모든 변수를 하나하나 통제하기 힘드니까 병원에서는 질염 있으면 쓰지 말라고 권할 뿐, 월경 컵을 절대 사용하면 안 된다는 뜻은 아닙니다.

다음으로 질염 예방법도 살펴볼까요. 흔히 질염은 감기랑 비슷하다고 말합니다. 면역력이 약해지면 걸릴 수 있고, 누구나 한 번 이상은 앓을 수 있다는 의미죠. 그래서 일상에서 지킬 수 있는 질염 예방 원칙으로 용변 본 뒤 앞에서 뒤로 닦기, 팬티 라이너나 생리대 안 쓰기, 공기 잘 통하는 옷 입기, 면역력 올리기(스트레스 해소, 일정한 잠, 충분한 영양 섭취, 적당한 운동), 성관계 전에 미리 성병 검사하기, 콘돔을 사용하기 등을 제시합니다.

성관계할 때 콘돔 쓰고 속옷도 면으로 준비해서 자주 갈

안 입고 영양제도 챙겨 먹고 조심하는데 왜 자꾸 질염이 생기냐는 질문이 가끔 나옵니다. 나름 애쓰고 있는데도 질염이 자꾸 재발하면 속상하죠. 그렇지만 질염은 섹스를 전혀 하지 않아도 생길 수 있고, 환절기 때 면역력이 떨어지면서 생길 수 있고, 완경 이행기에 호르몬이 바뀌면서 생길 수 있고, 스트레스를 많이 받거나 피곤해도 생길 수 있습니다.

질염에서 60퍼센트 정도는 세균성 질염입니다. 20퍼센트가 칸디다(곰팡이) 질염이고 10퍼센트가 트리코모나스(편모충) 질염입니다. 나머지는 염증성 질염이나 위축성 질염인데, 완경기가 지나면 생겨요. 가장 흔한 세균성 질염은 질 내 세균 분포도가 변하면 생깁니다. 질에는 유산균이 많아야 하는데, 유산균이 줄고 혐기성 세균이 늘어나면 질염이 돼요. 질 내 세균 분포가 바뀌는 이유는 호르몬 변화일 수도 있고, 질 내 사정을 할 때 알칼리성인 정액이 질 내 산성도에 미친 영향일 수도 있고, 월경혈도 알칼리성이라서 같은 효과를 낼 수도 있고, 당뇨병이나 경구용 피임약일 수도 있어요. 특히 칸디다균은 원래 우리 몸에 있는 유해하지 않는 곰팡이균이에요. 그런데 면역력이 떨어지면 증식해서 질염으로 나타나게 되죠.

조심하는데도 질염이 자꾸 재발해서 걱정이라면 기록을 하면서 관찰해 보세요. 밤샘을 하고 계속 일하면서 밥도 잘 못 챙겨 먹은 탓인지, 성행위 때문인지, 얼마 전에 간 공중화장실 위생 상태 때문인지, 술을 너무 많이 마신 탓인지 관찰하면 질염이 재발하는 원인을 알 수 있고, 나에게 맞는 예방도 충분히 가능하죠. 질 건강을 위해 프로바이오틱스를 먹으라는 광고도 자주 나오는데요. 제약 회사가 하는 주장일 뿐 실제 효과는 알 수 없다고 합니다.

월경과 호르몬

이번에는 월경과 완경을 다루겠습니다. 월경을 하는 사람이든 한 번도 해 본 적 없는 사람이든 모두 알아 두면 좋습니다. 이해하기 쉽게 원리를 파악할 수 있는 그림을 한 장 준비했습니다.

난소 안에는 평생 쓸 난자가 이미 들어 있습니다. 신생아 때 200만 개 정도 있다가 2차 성징이 시작될 쯤에는 30만 개 정도로 줄어들지만, 그래도 아주 많죠. 난자는 하나하나 난포라는 포장지에 싸여 있습니다. 2차 성징이 시작되기 위해 먼저 뇌하수체에서 난포자극호르몬이 분비됩니다. 난소 안에 있는 원시 난포가 자극을 받아 성장하면서 난포는 에스트로겐을 만들어 냅니다. 점점 더 많은 난포들이 자라면서 에스트로겐 분비량이 늘어납니다. 유두와 유방이 발달하고 음부와 겨드랑이에도 털이 조금씩 자라요. 이런 변화가 있고 1년에서 2년 뒤에 본격적인 월경이 시작됩니다.

뇌에서 분비되는 난포자극호르몬에 따라 처음에는 난포 수십 개가 동시에 발달을 시작하다가 이 중에서 하나의 난포만 계속 성장하고 나머지는 사라집니다. 성숙한 난포는 난소 표면으로 이동합니다. 늘어난 에스트로겐 분비량을 감지한 우리 뇌가 이번에는 황체형성호르몬을 내보냅니다. 배란을 하라는 신호죠. 이 연락을 받은 성숙 난포가 난소 표면에서 파열되면 마침내 난자가 배출돼 나팔관으로 이동합니다. 난소에 남은 난포를 황체라고 부릅니다. 노란색으로 바뀌거든요. 황체는 프로게스테론이라는 호르몬을 분비하기 시작합니다.

프로게스테론은 두꺼워진 자궁내막을 튼튼하게 만들어요. 만약 수정란이 자궁내막에 착상하면 황체는 프로게스테론을 계속 분비합니다. 그렇지만 2주 동안 다른 소식이 없으면 황체는 호르몬 생산을 중단하고 퇴화해서 사라집니다. 자궁내막도 원래 상태로 돌아가죠. 월경이 시작됩니다. 배출된 난자는 보통 24시간에서 최대 48시간까지 생존하고, 정자는 자궁 속에서 3일에서 5일 정도 생존합니다.

이제 많은 것이 이해가 되죠. 완경기가 되면 왜 에스트

난소 안의 난자와 난포의 성숙 과정

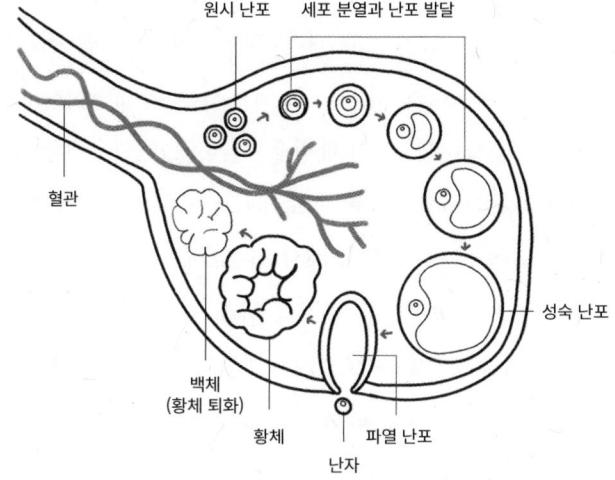

로겐 분비량이 줄어드는지도요. 에스트로겐을 다량 생산할 난포가 없어서 그래요. 배란하고 2주 뒤 생리가 시작되는 이유도 알겠고, 임신 가능일은 다음 생리 예정일 2주 전 3일과 4일 사이라는 사실도 말이죠.

피임약의 원리도 알 수 있어요. 피임이 되려면 난소에서 난자를 배출하지 않거나 수정란이 착상되지 않아야겠죠. 방금 이 일에 에스트로겐과 프로게스테론이 관여한다는 사실을 배웠고요. 그래서 피임약은 보통 두 가지 방법을 쓰는데, 하나는 아예 배란이 일어나지 않게 에스트로겐을 투여하는 방법이고 다른 하나는 착상이 되지 않게 프로게스테론을 투여하는 방법입니다.

고용량 에스트로겐을 넣은 피임약을 먹으면 에스트로겐 수치가 일정하게 유지되고 뇌에서는 황체형성호르몬을 내보내지 않습니다. 그럼 배란을 하지 않게 되고, 배란이 안 되니까 피임이 되죠. 반면 프로게스테론은 자궁경부에 연락해서 점액이 많이 나오게 해요. 프로게스테론을 넣은 피임약을 먹으면 자궁경부를 점액이 둘러싸서 정자가 뚫고 들어갈 수 없게 돼요. 또한 프로게스테론 수치가 일정하게 유지되면 자궁내막은 아예 두꺼워지지 않습니다.

에스트로겐 피임약은 35세 이상 흡연자, 고혈압 환자, 당뇨병 환자에게 혈전이 생기는 등 부작용이 있어서 이 문제를 해결하려는 4세대 피임약이 나왔습니다. 에스트로겐을 빼고 프로게스테론만 넣은 단일 성분 피임약이에요. 그래서 피임약 이름은 대부분 순하다는 점을 강조해서 지어요. 그렇지만 부작용이 완전히 해소되지는 않아서 흡연자는 조금 더 조심해야 합니다. 프로게스테론은 배란 억제 효과가 전혀 없지는 않지만 배란 억제가 주요 기능은 아니기 때문에 배란이 일어날 수 있고, 복용 초기에는 자궁내막이 두꺼워지지 않아도 얇은 내막에서 월경량만큼은 아니지만 부정 출혈이 일어날 수 있습니다.

미레나 시술 단면

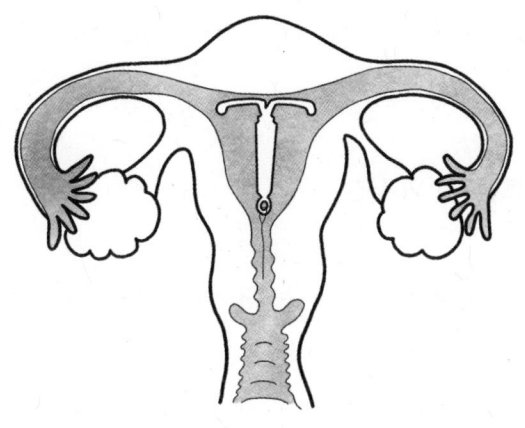

　피임 효과도 있지만 극심한 월경통의 해결책으로 미레나 시술이 있습니다. 미레나란 자궁 내부에 지속적으로 호르몬을 일정량 분비하는 작은 플라스틱 장치를 말합니다. 레보노게스트렐levonorgestrel이라는 합성 프로게스테론을 소량 방출하는데, 3년에서 5년 동안 유지됩니다. 앞서 설명한 대로 자궁경부에 있는 끈끈한 점액으로 정자가 들어올 수 없게 되고 자궁내막도 두꺼워지지 않습니다. 배란은 그대로 진행되지만 월경은 일어나지 않죠. 자궁내막증이나 완경 이행기 때 급작스런 호르몬 변화에 따라 나타나는 증상을 조절하는 데도 미레나가 도움이 됩니다. 제 주변에는 미레나를 하고 새 삶을 찾은 듯하다며 만족하는 이들이 많습니다.

참, 미레나를 하면 생식 능력에 영구적인 영향을 줄까 봐 걱정하는데요, 제거하면 임신은 언제든 가능합니다.

완경, 트랜지션의 시간

요즘 폐경보다는 완경이라는 단어를 선호하는 흐름이 많지만, 폐경이 잘못된 말은 아닙니다. 어떤 학자는 끝이라는 의미를 넣어 '종경'으로 쓰자고 제안하는데, 폐경이나 완경이나 종경이나 뭘 쓰든 저는 크게 상관없다고 생각합니다. 단어 자체에 나쁜 의미는 없지만, 폐경을 여성으로서 가치가 하락하는 양 부정적으로 써 온 탓이 더 크죠. 갱년기도 마찬가지입니다. 한자 뜻만 보면 다시 인생을 시작한다는 멋진 의미를 담은 단어인데, 늙음과 노화를 상징하고, 인생 좋은 시절은 이제 끝이라는 선고 같고, 짜증과 우울이 심해지거나 체온 조절이 안 되거나 살이 찌는 등 모든 것이 안 좋아진다는 이미지가 됐죠. 제약 회사는 약을 팔아야 하니 이런 이미지를 더 강화하는 측면도 있고요. 개인적으로 완경이라는 표현을 더 선호해서 여기에서는 완경으로 쓰려고 합니다. 마무리한다는 의미니까 그동안 겪은 고생을 위로하는 느낌이라고 할까요.

사춘기랑 함께 생식 활동이 가능한 생식기^{生殖期}를 시작해 10대부터 40대까지 30여 년을 보낸다면, 기대 수명이 83세라는 통계를 감안할 때 완경기가 인생의 절반 가까이 차지하는 셈입니다.

생식기(가임기) 동안에는 월경이 매달 반복됩니다. 그러다 40대 후반으로 접어들면서 월경 주기가 심하게 불규칙해지고 월경혈 양도 지나치게 늘거나 줄어드는 양상을 보이죠. 이 시기를 완경 이행기라고 합니다. 4년에서 길면 7년 정도 걸리죠. 그러다 마지막 월경을 한 지 1년이 넘으면 정말 종료라고 보고 그때부터 완경기라고 부릅니다.

성교육 시간에 월경을 설명할 때 수정란이 착상에 '실패하면'이라는 표현을 쓰면서 늘 마음에 걸렸어요. 여성의 몸을 실패의 경험으로 설명하고 싶지 않으니까요. 이런 고민을 한 사람이 저만은 아닌가 봐요. 인류학자 에밀리 마틴이 착상 실패가 아니라 월경혈 생산으로 부르자고 제안하는 글을 읽고 반가웠습니다. 이 관점에서 보면 완경이란 우리 몸이 월경혈 생산을 중단하는 일입니다. 생각해 보면 난소가 있다는 이유만으로 난자를 끝없이 생산해야 하고 에스트로겐도 계속 분비해야만 한다는 사실이 더 이상하니까요.

《완경선언》을 쓴 산부인과 의사 제니퍼 건터는 이렇게 얘기해요. 컴퓨터를 계속 켜 놓고 사용하면 점점 속도가 느려져서 재부팅을 해야 하듯이 완경이 있는 이유는 우리 몸이 업그레이드 재부팅을 하는 일이라고.

완경을 영어로 '메노포즈^{menopause}'라고 해요. 그리스어로 한 달을 뜻하는 '멘즈^{menes}'과 중단을 의미하는 '포즈^{pausie}'가 어원입니다. 무미건조하게 표현하자면 난소의 '난자 생산 중단'이지만, 여기에서 멈춤은 같은 곳에 머무르지 않고 달라진다는 의미죠. 갱년기의 '갱更'이 고치다, 새로워지다, 개선하다는 의미라는 점이 새삼스럽게 다가옵니다. 그러니까 하나의 '트랜지션'이에요.

이렇게 '전환'의 관점을 받아들이면서 저는 지금 완경이행기를 흥미롭게 보내고 있습니다. 다른 몸으로 바뀌는 데 무려 4년에서 7년 정도 시간을 쓴다니! 꽤 정성스러운 작업이잖아요. 물론 이행기 동안 겪는 낯선 신체 변화에 깜짝 놀라기도 합니다. 갑자기 몸이 뜨거워지면서 땀이 막 흐르기도 하니까요. 이런 일들을 저는 되도록 불편함보다 신기함으로 받아들입니다. '와, 이런 일도 생기네, 신기하다' 이러면서요. 결국 이런 일도 없어지고 확실한 완경기로 접어들겠죠. 완경기로 확실히 접어드는 순간을 두근거리는 마음으로 기다리고 있습니다. 드디어 월경이 없는 자유의 시간을 맘껏 누릴 수 있겠죠. 여행 갈 때, 수영이나 달리기 등 운동하러 갈 때 신경 쓰고 챙겨야 할 일이 없어지니까요. 가임기만 있지 않고 완경기도 있어서 정말 다행입니다.

호르몬에 속지 말자

갱년기, 완경, 나이듦에 관련해 호르몬 변화를 가장 많이 이야기합니다. 그런데 여기에는 함정이 있어요. 제가 그래프 하나를 보여 드리겠습니다. 아마 비슷한 그래프를 다른 곳에서도 본 기억이 있을 거예요. 주로 사춘기 청소년이 성적으로 왕성할 수밖에 없는 이유를 설명하거나 나이 들면 호르몬이 젊을 때하고 얼마나 차이 나고 남성과 여성 간에 호르몬 차이가 얼마나 큰지를 보여 줄 때 자주 등장하니까요. 익숙하게 느껴지지만 속지 마세요. 이런 그래프를 볼 때 주의할 점이 있습니다. 엉터리거든요.

실선은 테스토스테론 호르몬, 점선은 에스트로겐 호르몬 분비량 표시입니다. 이렇게 보면 남성은 테스토스테론 호르몬이 많이 나오고 여성은 에스트로겐 호르몬만 많이 나오는 듯합니다. 나이 들면 여성은 에스트로겐 분비량이 뚝 떨어져서 여성다움을 빠르게 잃어 버린다는 느낌도 주죠. 그런데 과학적으로 정확하게 그리면 결코 이런 그래프가 나올 수 없습니다.

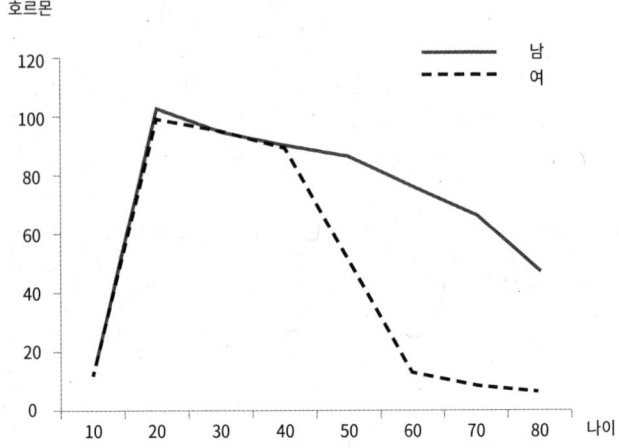

사람을 속이는 엉터리 호르몬 그래프

　　남성이든 여성이든 성별에 상관없이 테스토스테론 분비량이 에스트로겐보다 높습니다. 차이가 정말 커서 측정 단위를 테스토스테론은 나노그램(10억 분의 1그램)을 사용하고 에스트로겐은 피코그램(1조 분의 1그램)을 사용할 정도입니다. 단위를 통일하지 않고 한 그래프 안에 테스토스테론과 에스트로겐을 같이 그릴 수 없습니다(그래프를 자세히 보면 아예 단위가 없어요).

　　학자들이 테스토스테론은 황소의 정소에서 처음 발견했고 에스트로겐은 임신한 여성의 소변에서 발견했거든요. 그래서 테스토스테론은 남성에게만 에스트로겐은 여성에게

만 나온다고 생각해서 남성 호르몬이라고 부르고 여성 호르몬이라고 불렀는데, 매우 섣부른 판단이라고 지금은 반성하죠. 알고 보니 두 호르몬은 성별에 상관없이 모든 사람 몸에 있었으니까요.

여전히 호르몬이 남성과 여성을 만든다는 듯 묘사하는 말들이 미디어를 거쳐 무책임하게 퍼지고 있습니다. 여성은 나이 들면 에스트로겐이 줄어들고 테스토스테론이 많아지면서 성격이 남자처럼 괄괄해진다거나 남성은 나이 들면 테스토스테론이 줄어들면서 드라마를 보다가도 눈물을 흘리는 등 여성스러워진다는 식이죠. 그럴싸해 보이지만 호르몬이랑은 상관없습니다. 인생을 수십 년 살아가면서 많은 일을 겪는 과정에서 생기는 자연스러운 변화일 뿐이죠. 호르몬이 우리 몸에서 분명히 일을 하고 우리에게 영향을 미치지만 복잡다단한 삶을 호르몬만으로 해석하는 방식은 성별 고정 관념을 강화할 뿐입니다. 인간을 더 넓고 깊게 이해하는 데 실패하죠.

남성도 갱년기가 있다는 말

갱년기는 오랫동안 여성에게만 사용한 단어였습니다. 남성은 테스토스테론 분비도 계속되고 정자 생산도 계속하고 발기와 사정도 이어지니 갱년기가 없다고 전제했어요. 10여 년 전부터 남성 갱년기 이야기가 나오기 시작했습니다. 안드로포즈andropause, 남성 완경기, 남성 폐경기라고 부르기도 해요. 물론 여전히 남성은 숟가락 들 힘만 있어도 여자를 밝힌다며 남성 갱년기는 없다고 주장하는 학자도 있습니다. 그런데 이상하지 않나요? 숟가락 들 힘과 여자를 밝히는 일은 아무 관계가 없잖아요. 남성 갱년기를 다룬 기사를 보면 제목이 늘 이런 식입니다. '남성 호르몬 감소 중년의 남자들 대화를 원해', '억울하고 서럽다. 남성 갱년기', '남성 갱년기 증상, 발기 부전까지 나타날 수 있다?!', '부쩍 화내고 짜증 폭발하고. … 중년 남성도 갱년기가 있다고?' 등.

테스토스테론에 입을 막는 효과가 있지는 않습니다. 대화는 호르몬에 상관없이 마음을 열고 다른 사람이랑 소통하려고 노력을 기울일 때 가능하죠. 만약 정말 테스토스테론 때문에 모든 남성이 이런 특징을 가지고 있다면 어떻게 직장 생활과 사회 생활이 가능할까요. 이런 특징을 항상 가정생활에만 적용한다니 정말 이상합니다. 심지어 남성이 갱년기가 되면 외도를 멈추고 가정으로 돌아오려 한다는 식으로 해석하기도 하죠. 갱년기 때문에 발기 부전까지 나타날 수 있다고 호들갑인데, 앞에서 배운 내용을 떠올려 보면 고혈압, 당뇨, 뇌혈관 질환 등을 비롯해 식습관, 운동 습관, 일상 스트레스 등 발기에 영향을 미치는 변수는 점점 더 많아집니다.

남성 호르몬이 줄어들면 성생활에 문제가 생긴다며 갱년기 예방을 위해 정기적으로 섹스를 하라는 충고도 공공연히 들립니다. 그렇지만 비슷한 시기에 같이 갱년기를 맞이하는 아내는 질 건조와 체력 저하 등 때문에 섹스를 별로 원하지 않을 수 있습니다. 그런 상황에서 즐거운 성관계를 기꺼이 서로 나누려면 아내에게 예전보다 더 잘하려고 해야 하지 않을까요. 설거지나 청소도 같이하고, 산책도 나가고, 애정도 자주 드러내고, 어떻게 섹스를 하면 좋을지 대화도 많이 나누고요.

그런데 남성 갱년기 해결책에는 이런 내용이 없습니다. 근력 운동을 해라, 고칼로리 고지방 음식을 먹지 마라, 젊은 사람들하고 어울리며 활력을 느껴라 같은 조언이 대부분이죠. 틀린 말은 아니에요. 그렇지만 갱년기를 오로지 '발기 능력'에만 초점을 맞춰 부끄럽고 억울하고 서러운 문제로 다루는 태도야말로 슬픈 일입니다. 삶은 더 풍요로운데 말이죠. 호르몬 하나에 인생이 좌지우지되는 듯 과장하는 말들을 믿지 마세요. 호르몬은 체내에서 많은 일을 하지만, 호르몬이 나를 조종하지는 않습니다.

노년의 사랑과 섹스

생식 중심으로 성과 사랑을 이야기하는 데 익숙한 사회에서 노년의 성은 무성으로 치부됩니다. 노년은 섹스도 안 하고 연애도 안 한다고 여겼죠. 요즘에는 바뀌었습니다. 미디어가 갱년기와 완경기를 다루는 태도처럼 나이 들어서도 성욕이 있어야 더 좋다고 여기죠. 성욕이 없거나 낮은 상태가 질병이 아닌데도 남성은 계속 발기력을 유지하라고, 여성은 외모를 가꾸고 성적 매력을 유지하라고 부추기죠. 기사 하나를 볼까요.

> 노인 성생활의 증가 추세는 우리나라도 마찬가지다. 2021년 한양대학교 간호학과 대학원생이 서울에 거주하는 65살 이상 노인 113명을 대상으로 조사한 바에 따르면, 응답자 중 19.5%가 현재 성생활을 지속하고 있으며, 빈도는 월 평균 1.37회인 것으로 조사됐다. 빈도는 한 달에 한 번인 경우가 10명으로 가장 많았고, 다음은 두 달에 한 번(4명), 한 달에 두 번(4명), 한 달에 세 번(2명), 일주일에 한 번(1명), 1년에 두 번(1명) 순이었다. 현재 성생활을 하지 않는 노인의 경우, 마지막으로 성관계를 가진 평균 연령이 남성의 경우 63.1살, 여성의 경우 57.4살로 전체 평균이 61.3살이었다. 흥미로운

것은 '멋있는 이성을 보면 여전히 좋고 흥분되는가'라는 질문에 남자 노인의 84%, 여자 노인의 14.3%가 '그렇다'고 응답했다는 사실이다. 여성은 덜한 반면 남성은 아직도 멋있는 이성에 적극적으로 반응했다.

― 배수일, 〈노인 제1의 버킷리스트는 멋진 연애〉, 《시니어 매일》 2023년 2월 27일

마지막 문단이 재미있어요. '멋있는 이성을 보면 여전히 좋고 흥분되는가'라는 설문 결과를 남성이 여성보다 나이가 들어도 멋있는 이성에 적극적으로 반응한다고 분석하죠. 그럴까요? 일단 60대에게 멋있는 이성이란 어떤 사람일까요? 멋있는 사람을 보면 흥분해야 하나요? 우리 사회에서 나이에 상관없이 흥분이라는 말 자체가 '남자가 느끼는 성적 흥분' 같은 식으로 주로 쓰이고 있기 때문에 저 질문에서 흥분된다고 답할 수 있는 여성 노인이 적다는 사실은 이상하지 않죠. 질문 자체가 평등하지 않다는 점에서 노년의 성을 다룰 때 남성 중심, 삽입 섹스 중심이 되지 않게 신경 써야 합니다.

나이가 들고 노인이 돼서도 성생활을 누리고 싶다고 생각한다면, 어떻게 대비할까 고민하고 있다면, 일단 이 한 문장에서 시작해야 해요.

'절대 예전하고 같을 수 없다!'

예전이랑 당연히 다르고, 예전이랑 같을 수 없고, 예전이랑 같아야 할 이유도 없습니다. 인생을 70년, 80년씩 오래 사는데 왜 똑같이 살아요? 다를수록 좋죠. 그러니 과거에, 왕년에, '나도 한때' 같은 식으로 생각하지 말고, 변화를 자연스럽게 받아들여요. 물론 변화 중에서 조금 도움을 받으면 좋은 경우도 있어요. 정말 사랑하는 사람이랑 성관계를 하느라 비아그라의 도움을 받을 수 있고, 질 건조가 심해 성교통이 심하다 싶으면 윤활제 말고 호르몬 크림을 바를 수도 있어요. 섹스 토이 사용도 마찬가지고요. 이 모든 것은 인류가 거둔 성과물이기도 하니까요.

지금 내가 원하는 것을 하는 데 도움이 좀 필요하다는 식으로 접근해야지, 예전처럼 되고 싶다는 마음은 품지 말아야죠. 나이 들어 몸이 달라지면 달라진 대로 적응해야 합니다. 질 액이 풍부하게 나오던 시절에는 윤활제가 필요 없었죠. 나이 들어 윤활제가 필요해졌어요. 그럼 이제 윤활제를 사용하는 색다른 섹스를 하면 되네요. 이렇게 생각하면 나이가 들어 가면서 계속 새로운 섹스를 하니 예전이 그립지 않죠. 젊을 때 열심히 한 사람도 안 해 본 시도가 얼마나 많겠어요.

《완경 선언》에 이런 이야기가 나와요. 어느 날 남편이 들어오며 말을 건네죠. "오늘 잡지를 읽다가 내가 그동안 당신의 '치구(불두덩)'에 소홀했다는 것을 깨달았어. 치구에 집중하는 섹스를 한번 해 볼게." 그 순간 그 말만으로 이미 정말 좋았다죠. 이런 대화를 계속하려는 노력도 중요합니다.

자위도 더 많이 해 보기를 추천합니다. 성감대는 일평생 고정되지 않고 변하기 때문이죠. 이성 간이든 동성 간이든 오랫동안 함께 사는 커플이라면 연애 초반에 불붙은 듯 뜨거운 성생활을 즐기다가 아이를 낳고 기르느라 바빠서, 직장에서 경력을 쌓느라 여유가 없어서 섹스가 뜸해지는 시기를 거치게 마련이죠. 그러다 여유가 생겨서 다시 성생활을 해 보려 할 때 성감대는 이미 변해 있겠죠. 성적 판타지도 바뀌었어요. 옛날에 알던 그대로 할 수 없으니 다시 처음부터 상대 성감대도 찾고 성적 판타지도 파악해야 하는데, 이 과정이 조금 힘겹게 느껴질 수도 있어요.

이럴 때는 자위를 하면서 내가 좋아하는 자극을 찾고 상대에게 미리 말해 주면 좋아요. 꼭 자위가 아니더라도 성에 관해 계속 이야기를 나누는 일은 중요합니다. 나이가 들어 넉살도 좋아지고 더 친밀해진 만큼 성에 관한 이야기도 덜 쑥스러워하며 자유롭게 나눌 수 있어요. 이런 장점을 활용하세요.

'노년의 성'과 로맨틱

노년의 성이라고 해서 특별한 스킬이 있지는 않습니다. 지금까지 배워 온 신체 구조와 특징에서 반응이 조금 느려지거나 신경이 무뎌지는 정도로 차이는 있지만, 원리는 똑같거든요. 노년의 성을 즐기고 싶다면 나이 들수록 더 로맨틱해져야 한다고 결심하기를 권합니다. 자위를 해도 로맨틱하게 말이에요. 상상력을 키우는 공을 들여야겠죠. 커플 사이에도 특별한 여행이나 데이트 계획을 세워요. 어떤 연애를 할까, 어떤 사랑을 할까 같은 주제도 계속 생각해야 하죠.

연애라고 해서 꼭 일대일 관계를 의미하지는 않습니다. 성별을 떠나서 옆에 있으면 편안해지는 사람을 찾으세요. 애정이라 부르든 특별한 우정이라 부르든 상관없어요. 삽입섹스를 하는 사이든 또 다른 사이든 상관없죠. 세상에 애정을 표현하는 방법은 수백만 가지인 걸요. 나이 든 처지라고 포기하지 말고 저 사람은 내 인생에 참 특별하다고 말할 수 있는 사람이 저절로 생기기를 기다리지 말고, 이미 곁에 있는 사람을 외롭게 만들지도 말고, 죽는 순간까지 로맨틱하게 대하려 노력하세요. 로맨틱은 꽃다발을 주고 밤하늘 별을 함께 보고 고급 레스토랑에서 스테이크를 써는 일이기도 하지만, 제가 말하는 로맨틱은 조금 다릅니다. 로맨틱은 원

나이 들수록 더 깊어지는 낭만

래 '로마어로 된 소설'을 뜻했죠. 그러니까 상상력을 더해서 새롭게 이야기를 만들어 나가는 노력이 로맨틱이에요. 나이 든 사람들이라고 성에 관한 이야기가 이어지지 않을 이유는 없죠.

거울 앞에서 벗은 몸을 보세요

노년의 성과 사랑을 바라보는 새로운 관점을 제안하고 싶어요. 젊을 때부터 주름이 부쩍 늘어난 나를 미리미리 상상하자는 겁니다. 그러면 늙은 나를 훨씬 더 편하게 받아들일 수 있어요. 거울 앞에서 얼굴만 보지 말고 샤워하거나 옷 갈

아입을 때 몸 전체를 보세요. 이 정도면 괜찮다고, 배가 나와도 괜찮고, 가슴이 좀 처져도 괜찮다고 거울 속 나에게 다정하게 말해 주세요. 내가 나에게 하는 칭찬은 손해 볼 일도 아니잖아요. 어차피 비교 대상도 없으니까요. 썩 괜찮지 않아 보일 때도 있죠. 그래도 괜찮다고 하세요. 한 천 번쯤 하면 한 번은 믿겠지 기대하면서 계속 괜찮다고 말해 보세요.

나이 들면 얼굴 주름보다 몸에 변화가 더 많이 생깁니다. 그 몸에 익숙해지지 않으면 아무에게도 보여 주고 싶지 않게 되고, 나중에는 나도 내 몸을 보고 싶지 않게 돼요. 다시 강조할게요. 예전이랑 같을 수 없습니다. 몸은 단 한 번도 같은 적이 없어요. 다섯 살 때 몸하고 지금 나는 다르잖아요. 열다섯 살 때 몸하고도 다르거든요. 몸은 평생 계속 변하는 속성이 있으니 달라진 게 없는 셈이기도 해요.

나이 들어서 꼭 성생활을 해야 하나, 성에 매달려야 하나 싶을 수 있어요. 맞습니다. 그렇지만 노년의 성생활을 꿈꾼다면 준비를 할 수는 있죠. 나이 든 나를 상상하고, 나이 든 내가 섹스하는 모습도 상상하고요. 살다 보면 커플로 지내고 있든 솔로로 살든 몇 년간 키스나 섹스 등 어떤 스킨십도 없이 지낼 수 있어요. 그렇게 꽤 시간을 보내다 보면 다 늙어서 하기는 뭘 하냐며 스스로 의욕을 꺾어 버리죠. 아닙니다. 포기하지 마세요. 섹스는 그 정도로 대단하지는 않아

노년의 몸을 긍정적으로 받아들이는 연습

서 하지 않고 오랫동안 잘 지낼 수도 있고 대단한 계기가 없어도 마음만 먹으면 언제든 다시 할 수도 있어요.

곁에 있는 누군가에게 우리 예순 살이 되면, 여든 살이 되면 섹스를 하자고 미리 약속할 수도 있어요. 어떻게 지키냐고요? 지금 하는 이런 대화가 다른 미래를 만들지 않을까요? 노년의 성생활은 나이를 바라보는 고정 관념과 편견에서 벗어날수록 확실히 더 즐거워질 수 있습니다.

나이 들수록 곁에 둘 사람

제가 추천하는 가장 강력한 노후 대비는 '참 예뻐, 당신 참 예쁘다'고 말해 주는 사람을 곁에 두는 일이에요. '예쁘다'는 말은 여성 한정이 아니라 모든 성별에게 아름답고 멋지다는 의미예요.

내 깊은 주름을 어루만지면서 예쁘다고 말해 주는 사람, 밥 잘 먹어서 예쁘다는 사람, 햇살 받으며 웃고 있어서 예쁘다는 사람, 내가 뭘 하고 있어도 예쁘다는 말을 남발하는 사람을 곁에 두세요. 애인이든 친구든 이웃이든 말이죠. 내가 어떤 사람하고 같이 늙어갈지 생각하는 일이 노후 대비죠.

그러니 설사 빈말이라고 해도 예쁘다, 멋지다, 괜찮다는

예쁘다고 자주 말해 주는 사람이 곁에 있는 노후

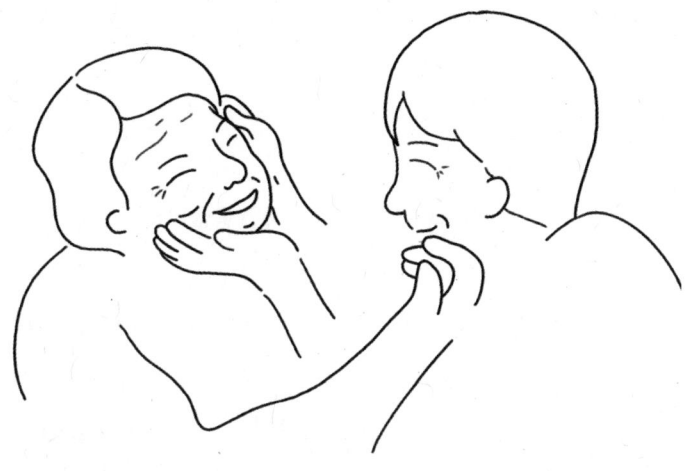

말을 잘하는 사람을 곁에 두세요. 상대가 예쁘다고 생각하면서도 진심을 입 밖에 안 꺼내는 사람도 많다는 사실을 잘 알잖아요. 그리고 표현 안 하는 진심은 아무 소용이 없다는 삶의 진리도 나이 들면서 배우게 되죠. 진심이든 아니든 예쁘다고 자주 말하려면 에너지가 많이 들어요. 그러니 그 에너지를 받는 사람은 얼마나 힘이 나겠어요. 이런 말을 잘해 주는 사람을 곁에 두는 일이 중요하다는 데 동감한다면, 이런 결심도 해 보세요. 내가 그런 사람이 되겠다고 말이죠. 다른 사람에게 나이 들수록 예쁘다는 말, 멋지다는 말을 많이 하는 노인이 되겠다고 말이죠.

질의
응답

아이를 갖기로 결심했어요. 어떻게 준비하면 좋을까요?

아이를 갖기로 결정하고 노력을 기울인다면 꼭 강조하고 싶은 점이 있어요. 정소에서 만들어진 정자가 부정소에서 성장한 뒤 정관을 따라 이동해 팽대부에 도달하는 데까지 90일 정도가 걸립니다. 곧 수정이 될 정자는 최소 90일 이전에 만들어지는 셈이니까 임신 계획이 있다면 적어도 석 달 전부터 준비해야 한다는 의미입니다. 나쁜 음식 먹지 말고 술이나 담배도 안 하면서 몸을 관리해야겠죠. 임신을 준비할 때 여성 몸에만 집중하는데, 정자와 난자가 만나 수정란이 만들어지는 만큼 정자 제공자인 남성도 장기적 관점에서 건강을 관리해야 합니다.

수정도 체내 수정 말고 체외 수정 등 여러 방법이 있습니다. 또한 9개월 동안 임신 기간을 보내야 한다는 점에서 착상과 태반 형성, 태아 성장이 임신부 몸에 미치는 영향 등 진지하게 공부할 내용도 많습니다. 아이를 낳으면 어떻게 양육할지 등 정말 많은 대화를 미리 나눠야 합니다. 구체적인 장면을 상상하면서 이럴 때 저렇게 하자, 저럴 때 이렇게 하자, 양육자로서 우리는 어떤 사람이 되자 등 할 이야기가 아주 많죠.

오럴 섹스를 하다가 구강암, 두경부암, 후두암, 임질 등 질병에 감염될 수도 있다는데, 자궁경부암 백신을 맞으면 예방될까요?

구강암, 두경부암, 후두암, 임질뿐만 아니라 생식기 사마귀, 항문암, 질암, 외음부암, 음경암, 자궁경부암 등을 일으키는 원인은 인유두종바이러스입니다.

흔히 '자궁경부암 백신'이라고 부르기도 하는데, 바이러스 이름이 길고 어렵기 때문이기도 하고 백신이 개발된 유일한 암이 자궁경부암이어서 대표적인 효과로 인식되기 때문이기도 하죠. 이러다 보니 여성들만 맞아야 하는 백신으로 오해하는데, 정확하게 다시 말하면 인유두종바이러스 백신은 성별에 상관없이 모두 필요합니다.

인유두종바이러스 백신은 바이러스에 감염되기 전에 맞아야 좋기 때문에 9세부터 시작해 여성은 최대 45세, 남성은 26세까지 접종할 수 있습니다. 접종 가능 연령은 임상 시험을 통해 백신 효과가 입증된 나이라는 의미일 뿐이어서 범위를 벗어나도 약효가 좀 떨어질 수 있지만 예방 효과가 없지는 않습니다.

특히 12세부터 17세까지 여성 청소년과 18세부터 26세까지 저소득층 여성은 정부에서 무료 접종을 시행하고 있습니다. 남성도 맞아야 한다면서 왜 여성만 지원하는지 궁금하시죠? 이 백신은 여성에게 발병율이 높은 자궁경부암을 예방하는 효과가 90퍼센트 정도로 높아서 여성 청소년과 저소득층 여성 접종률을 먼저 올리면 국민 건강을 지키는 데 더 효율적이기 때문입니다. 정부가 예산을 더 충분히 배정하면 성별에 상관없이 모든 청소년에게 접종할 수도 있습니다. 정부에 정책 변경을 요구해야겠죠.

완경 이후에 성생활은 어떻게 해야 할까요? 성생활을 즐겨야 몸이 건강하다, 노년은 특히 그렇다는 이야기를 많이 들어요.

성생활은 난소와 자궁만으로 구성되지 않죠. 섹스에는 질 삽입 섹스뿐만 아니라 다양한 체위가 있고, 신경과 혈류 흐름이 중요하다고 강조했고요. 질이 건조해질 수 있지만 윤활제로 해결할 수 있죠. 다양한 섹스 토이를 활용하는 방법도 이제 알고 있고요.

오르가슴은 뇌가 느끼는 신호니까 어떤 마음을 먹느냐, 그리고 어떤 자세로 섹스에 임하느냐에 달려 있다고 했습니다. 젊은 시절 중시한 오르가슴이 아니라 더 포괄적인 성적 만족감을 추구하면 성생활이 풍요로워집니다.

성생활을 즐겨야 몸이 건강해지는 걸까요? 건강해야 성생활을 즐길 수 있지 않나요? 건강하려면 잘 먹고, 잘 쉬고, 잘 놀고, 잘 자고, 잘 웃고, 운동도 잘 해야죠. 성생활만 즐긴다고 건강해질 리는 없죠. 몸이 아프면 만사가 귀찮아지니까 건강해야 성생활을 즐길 수 있지만, 반대는 성립하지 않습니다. 게다가 성생활을 즐기려면 나하고 잘 맞는 사람이 있어야 하고, 잘 맞는 섹스를 하려면 대화도 많이 나눠야겠죠. 자위도 성생활이니 편안하게 내가 원하는 자위를 즐겨도 좋습니다. 성 구매나 성추행을 해 놓고 노년을 건강하게 보내려 할 뿐이라는 변명이 우리 사회에서 통하지 않기를 바랄 뿐입니다.

─── 나는 얼마나 알고 있나 정답 ───

① O ② O ③ X ④ X ⑤ X ⑥ X ⑦ X ⑧ X

5강

불안과 불만을 다루는 법
나는 좋은 사랑을 할 수 있을까

안전과 평등이라는 단어가 어느 때보다 중요해진 시대입니다. 그래서 내 삶에, 내 연애에, 내가 하는 섹스에 존중과 동의를 녹일 방법을 고민하는 사람도 많아졌어요. 그렇지만 실천하기는 쉽지 않고, 어떤 사람을 만나 어떻게 사랑을 나누며 살아야 할지 불안하고, 어느새 불만만 커진 자기 자신을 발견하기도 합니다. 사랑은 왜 사람을 외롭게 하는지, 연애하지 않고 행복하게 살 수는 없는지 궁금도 하고요. 내 안의 사랑과 내 밖의 사랑을 다루는 방법도 함께 모색해 보죠.

나는 얼마나 알고 있나

다음 문장을 읽고 맞음(O) 틀림(X) 표시를 하거나, 질문에 맞는 답을 직접 적어 보세요. 정답은 강의 안에서 찾을 수 있어요.

① 비동의간음죄를 법으로 규정한 나라가 서구에는 있지만 현재 아시아에는 없다. (O, X)
② 합의는 뜻이 맞는 상태, 서로 생각이 일치하는 의미다. 그렇다면 합의를 잘 하기 위해 나는 무엇을 가장 먼저 갖춰야 할까? (   )
③ 무성애자는 사랑을 하지 못하는 사람을 뜻한다. (O, X)
④ 내가 사랑받을 가치가 있는 사람인지를 판단하고 결정할 수 있는 사람은 누구일까? (   )
⑤ '사랑해'의 반대말은 무엇일까? (   )

사랑은 불안과 불만이라는 단어하고도 잘 연결됩니다. 삶을 아름답고 행복하게 만들어 주지만, 그만큼 내가 지금 잘하고 있나, 갑자기 사라져 버리면 어쩌나 두려워지니까요. 게다가 사랑과 섹스를 단짝으로 여기는 경우가 많아서 연애가 시작되면 필연적으로 섹스를 어떻게 해야 할지 고민도 커지죠. 그래서 성교육이라면 몸만 다루지 않고 사랑도 중요하게 다뤄야 한다고 생각합니다.

흔히 사랑을 묘사할 때 늪에 빠진 듯 헤어 나올 수 없다거나 저녁 하늘이 노을에 물들어가는 듯하다고 말하죠. 자기 의지가 개입되지 않아서 운명 같다고 신비롭다고 말하죠. 틀린 말은 아니에요. 그런데 사랑의 '시작'만 묘사할 뿐이에요. 시작이 있으면 끝이 있기 마련이고, 그 시작과 끝에는 길고 복잡한 과정이 있어요. 이 중간 이야기를 주목하지 않으면 시작과 끝만 있는 듯하니 나도 모르게 시작한 사랑이 나도 모르게 끝나 버릴까 봐 겁이 나죠. 게다가 사랑인 줄 안 감정이 사랑은 아니었을 때, 사랑이 나를 더 불행하게 할까 두려워요.

지금은 무성애라는 개념도 등장한 시대입니다. 무성애는 사랑이 없다, 연애를 하지 않는다, 섹스를 싫어한다는 의미가 아닙니다. 무성애는 사랑의 꼴과 향기가 얼마나 다양한지 알려 주는, 스펙트럼을 엄청나게 넓히는 개념이죠. 세상이 만들어 놓은 틀에서 벗어나 사랑, 연애, 이별, 합의, 불안, 불만, 폭력 등을 다루는 방법을 이제 같이 찾아볼까요.

성관계를 맺는다는 의미

성과 사랑에 관한 이야기를 어떻게 풀까 고민하다가 제가 잡은 키워드 중 하나가 '관계'입니다. 사람하고 사람 사이를 가리키는 말들이 여럿 있습니다. 사랑하는 사이, 사귀는 사이, 애인 사이, 모르는 사이, 한 번 만난 사이 등이죠. 다르게 표현하면 애정 관계, 연인 관계, 불륜 관계, 내연 관계, 직장 동료 관계, 비즈니스 관계, 전 애인 관계, 동창 관계, 친구 관계 등 많습니다. 여기에 '성관계'도 있고요.

섹스를 한다고 해서 겉으로 티가 나지 않습니다. 그래서 모른 척하면 없던 일로 할 수 있다고 생각하지만, 성관계라고 부르면 이야기가 달라집니다. 섹스하기 전과 섹스하고 난 뒤 두 사람의 관계는 결코 같을 수 없고, 달라질 수밖에 없어요. 더 좋아질 수도 나빠질 수도 있고, 복잡해질 수도 있고, 책임을 져야 할 수도 있어요.

어떤 두 사람 사이를 설명할 때 '성관계까지 한 사이'라고 할 때는 어떤 의미로 쓰나요? '저 사람하고 섹스할 뻔했어'와 '저 사람이랑 섹스하고 싶었어'와 '저 사람이랑 섹스 했어'는 완전히 다르지 않나요? 섹스할 만큼 사랑한 사람이 라는 의미이기도 하고, 무모하고 타락한 듯 보이기도 하잖 아요. 그러므로 성관계를 맺기 전에 생각해야 합니다. 관계 맺은 다음 관계에서 일어나는 변화를 책임질 수 있는지, 내 또 다른 인간 관계에도 영향을 미칠 텐데 괜찮은지 말이죠. 겁먹고 망설이다가 포기하라는 이야기가 아니에요. 맘껏 즐 겨도 돼요. 그렇지만 이런 과정이 관계를 만드는 일이라는 점은 잊지 말라는 의미예요.

성관계를 '갖다'와 성관계를 '맺다'는 두 말을 떠올려 볼 까요. '갖다'는 소유의 관점입니다. '맺다'를 국어사전에서 찾으면 '열매나 꽃망울 따위가 생겨나거나 그것을 이루다' 나 '실, 노끈 따위를 얽어 매듭을 만들다'입니다. '맺다'는 다 른 두 개가 같이 뭔가를 만드는데 '갖다'는 한 사람, 곧 일인 칭 관점이죠.

나는 그 사람하고 '맺는다'는 관점으로 접근하는데 상대 는 성관계를 자기가 '갖는다'고 여긴다면, 여기서 차이가 나 요. 그러니 맺는다와 갖는다 중에 옳고 그름은 없지만, 관계 를 바라보는 관점은 같아야죠. 내가 어떤 사람을 만나고 연 애하고 삶을 함께할지 결정할 때 한 번은 생각해 보세요.

그리고 한 가지 덧붙일게요. 사회는 성관계가 특정 관계에 겹치는 일을 금기로 만들어 놓았어요. 사회가 잘 굴러가려면 꼭 필요한 규칙이라고 말하죠. 이런 논리로 동성애를 비난합니다. 동성 간 성관계가 세상을 망칠 듯이 말하죠. 그런데 정말 그럴까요? 4강까지 우리는 몸의 구조가, 몸의 반응이 이성 간인지 동성 간인지에 따라 다르지 않다고 배웠죠? 성관계를 맺는 행위, 사랑을 맺는 행위는 더 말할 나위가 없지 않을까요.

동성 간 성관계에 사회적 편견과 억압이 강하기 때문에 실행 전에 반드시 고민은 해야 합니다. 나는 어떻게 받아들일지, 어떻게 해석할지, 어떻게 다룰지 말이죠. 죄책감이나 수치심에 시달릴 듯하다면 그 결정을 미루는 쪽이 낫습니다. 그렇지만 만약 선택한다면 잊지 마세요. 동성 간 사랑과 성관계에는 아무 문제가 없고, 비자연적이거나 부자연스러운 면도 없습니다. 편견 때문에 때로는 부당하거나 납득할 수 없는 상황에 놓일 수도 있지만, 이런 반응은 무시하거나 맞서 싸우면 될 뿐 잘못 선택한 결과는 아닙니다.

성폭력이나 성매매를 두고 성관계를 맺는다고 하지 않습니다. 성에서 할지 말지를 나누는 가장 중요한 기준은 폭력입니다. 폭력을 행하지 않으려 조심하고 폭력을 행하는 일을 용납하지 않으려 노력해야 할 뿐, 다른 잣대로 사랑과 섹스를 평가할 수 없습니다.

좋아하는데 스킨십은 싫은

좋아하는 사람이랑 처음으로 키스하고 몸을 만지게 됐는데, 생각처럼 그다지 좋은 느낌이 아니어서 사랑이 맞는지 모르겠다는 질문을 받은 적 있습니다.

물론이죠. 좋아한다고 해도 그 사람하고 하는 키스와 스킨십이 싫을 수 있습니다. 이유는 여러 가지겠죠. 내가 혼자서 상상하던 키스하고 달라 놀란 탓일 수도 있고, 아예 한 번도 상상하지 못한 일이 벌어져서 낯설고 불쾌한 느낌부터 들 수도 있어요. 아니면 상대가 나를 충분히 배려하거나 존중하지 않고 자기 좋을 대로만 해서 그럴 수도 있습니다. 그러니 별로 좋게 느껴지지 않은 이유가 무엇인지 잘 생각해 보고 말해 줘야 합니다. 앞으로 어떻게 하면 더 좋겠고 나는 뭘 선호한다는 정보를 줘야죠. 사랑한다고 키스가 절로 달콤해지지는 않아요. 누구 잘못이 아니라 그저 나도 미숙하고 상대도 아직 서툴러서 그럴 수도 있고, 그런 스킨십에 원래 흥미가 없어서 그럴 수도 있어요. 그러니 싫은 티를 내면 사랑이 깨질까 봐, 사랑을 받으려고 억지로 참지 마세요. 연애를 막 시작한 단계라면 의사 표현을 강하게 하기가 쉽지 않아서 많이 참게 됩니다. 그러나 그럴 필요는 정말 없어요.

지금 썸을 타는 중이고, 아직 좋아하는지 아닌지 헷갈리는 상황에서 일어난 스킨십이라면 어떻게 판단해야 할까요. 스킨십이 불쾌하면 운명의 짝이 아니라고 믿는 경우도 많아요. 맞아요. 그럴 수도 있어요. 그렇지만 하늘이 천생연분을 점지해 주려고 몸으로 느낄 만한 계시를 항상 내려 주지는 않잖아요. 영화에서야 상대 손이 우연히 내 몸에 닿을 때 전기가 통하는 듯 짜릿한 느낌이 들고, 바로 그 순간 두 주인공의 사랑이 시작되죠. 영화처럼 우연한 스킨십으로 '이 사람이랑 내가 잘 맞겠구나'라고 알아채는 능력을 갖고 싶다면 먼저 다양한 경험부터 쌓아야 해요. 그 사람이 한 이런 키스가 지금까지 경험한 키스하고 어떤 점이 달라서 마음에 든다거나 이 정도는 평범한 신체 접촉인데 왜 내 심장이 유달리 뛰는지 모르겠다는 등 평소에 일상 반응을 잘 관찰한 사람만이 비교하고 검토해서 특별한 순간을 알아챌 수 있어요.

사귄 지 오래된 커플도 애정이 식은 상태는 아닌데 스킨십이 싫어질 수 있습니다. 한쪽은 사랑을 표현하려고 한 스킨십이지만 다른 쪽은 그런 접촉을 원하는 순간이 아닐 수 있죠. 이때는 타이밍 문제일 뿐입니다. 내 (눈치 없는) 스킨십을 상대가 거절하면 '아! 지금은 아니군' 하고 수용하고, 사랑을 표현하고 싶다는 진심만 공유하면 되죠. 그런데 좋아서 그러는데 왜 까칠하게 구냐고 섭섭해하거나, 이제는 나를 사랑하지 않냐고 화를 내며 싸우기도 합니다. 타이밍이 안 맞을 뿐인 단순한 거절을 내 마음을 무시하고 거부한다며 확대 해석하죠. 사랑을 표현하는 방식은 수만 갈래로 다양한데 겨우 하나가 자기 의도대로 안 받아들여진다고 화를 내지는 않기를 바랍니다.

나는 무성애자일까

연애도 관심 없고 섹스와 스킨십을 좋아하지 않으면 스스로 '무성애자'라고 생각할 수 있습니다. 정체성은 내가 누구인지를 탐색하는 과정이 핵심입니다. 그러므로 별로 좋지 않은 키스나 섹스 한 번으로 무성애자라고 단정짓기보다는 여러 경험을 쌓으며 탐색을 이어 가면 좋겠습니다.

그래도 혹시 내가 무성애자냐는 질문을 스스로 품어 보는 일은 의미 있습니다. 이 세상은 오랫동안 유성애자가 기본 값이었어요. 무성애자라는 개념이 등장하기 전에는 연애나 섹스에 관심이 없다고 하면 스님이나 수녀가 될 생각이냐는 식으로 말했어요. 사람은 누구나 결혼하고 섹스하고 아기를 낳아야 한다고 믿는 시절이었으니까요. 청소년 시기에는 그렇게 성에 관심 갖지 말라더니 성인이 되면 갑자기 연애는 왜 안 하냐고 구박하죠. 이런 사회에서 연애와 섹스에 무관심하게 살기 어렵죠. 무성애자인지 묻는 질문은 유성애자 중심의 틀을 깨고 밖으로 나와 더 넓은 세상으로 나가는 첫걸음입니다.

무성애자는 독신주의자가 아니고, 섹스와 연애를 절대 하지 않겠다는 선언도 아닙니다. 무성애 정체성의 세계는 꽤 넓습니다. 성적 끌림과 낭만적 끌림을 나눠서 생각할 수도 있고, 끌림의 강도나 방향, 조건도 세부 분류 기준이 될 수 있죠. 그러니 내가 무성애자일지도 모른다는 생각이 든다면 책이나 인터넷을 찾아 공부하면서 긍정적으로 정체성을 탐색하기를 바랍니다. 어떤 결론이든 나를 찾아가는 길이니 즐겁고 유익할 거예요.

오픈 릴레이션십, 폴리아모리, 몸 친구

오픈 릴레이션십은 커플이지만 제삼자하고 데이트를 하거나 섹스를 할 수 있다고 서로 동의한 관계를 뜻합니다. 커플이 모두 오픈할 수도 있고 한쪽만 오픈할 수도 있죠. 폴리아모리는 비독점적 다자 연애 관계를 뜻합니다. 동시에 여러 명이랑 하는 섹스라고 쉽게 오해하는데, 폴리아모리는 엄연히 연애에 관한 이야기입니다. 연애 방식 중에 한 사람하고 독점적 관계를 유지하는 모노아모리가 있고 한 사람 이상하고 비독점적 연애 관계를 맺는 폴리아모리가 있을 뿐이죠. 오픈 릴레이션십이나 폴리아모리를 비윤리적 행위로 여기는 사람들도 있지만, 사귀는 이들끼리 합의를 바탕으로 하니까 윤리적 문제는 없습니다. 오픈 릴레이션십인지 폴리아모리인지 모노아모리인지가 판단 기준이 아니라 사귀는 커플이라면 응당 서로 존중하고 솔직하고 다정하게 대해야 하죠.

처음에는 연인에게 제안을 받고 사랑하는 마음에 동의하지만 막상 해 보니 내가 감당할 수 없는 연애 방식이라고 뒤늦게 깨달을 수도 있습니다. 충분히 폴리아모리를 할 수 있다고 생각했는데 예상보다 질투심에 불타오르고 여러모로 신경 쓰이고 마음에 상처를 받는다면 참지 말고 솔직하게 이야기하고 관계를 조정해야 합니다.

오픈 릴레이션십이나 폴리아모리 제안을 받아들이지 못한다고 해서 편협한 사람이 되지는 않습니다. 단지 개개인이 선호하는 연애 방식이 다를 뿐입니다. 저는 독점적 일대일 연애를 선호하는데, 그저 제 스타일일 뿐이에요. 가장 올바른 관계라 생각해서 지키려는 마음은 아니거든요.

2000년대 초반 미국에서 '프랜즈 위드 베네핏Friends with Benefits'이라는 단어가 등장했습니다. 줄여서 '에프더블유비FWB'라고 하는데, 이런 암호 같은 단어는 데이팅 앱 자기소

개에도 종종 보이죠. 한국식 은어로 '몸 친구'라고 할 수 있어요. 모르는 사이가 아니라 친구로 지내면서 섹스도 하는 관계를 일컫습니다. 섹스 파트너하고 다릅니다.

다시 강조합니다. 어떤 이름을 쓰든지는 사람 사이 관계에서는 상대를 존중하는 마음, 솔직한 대화, 동의에 기반하는 태도가 가장 중요합니다. 폭력과 기만, 무시는 관계에서 가장 위험하고 참지 말아야 할 사안이고요.

합의를 잘하려면

합의는 뜻이 맞는 상태, 생각이 서로 일치하는 상황을 가리킵니다. 합의를 잘하려면 무엇을 가장 먼저 갖춰야 할까요? 바로 내 뜻, 내 의견입니다.

서로 다른 사람들이 뭔가를 맞추려면 일단 맞춰야 할 뭔가가 있어야겠죠. 내가 원하거나 상상하거나 기대하는 무엇이 있어야 해요. 상대도 원하거나 상상하거나 기대하는 무엇이 있어야 하고요. 나는 의견이 있지만 상대에게는 아직 의견이 없다면 다음 단계로 넘어가지 못해요. 내 의견과 상대 의견을 서로 보여 주고 합의할 수 있는 상황인지 확인해야 해요. 그런 다음에야 진짜 합의에 들어갈 수 있어요.

'적극적 동의'에서 '적극적'은 무슨 뜻일까요? '할래요! 할래요!'나 '싫어. 죽어도 안 해!'처럼 강하게 자기 뜻을 드러낸다는 의미가 아닙니다. '적극적'은 국어사전에 따르면 '대상에 관한 태도가 긍정적이고 능동적인, 또는 그런 것'입니다. 적극적 동의란 합의를 대하는 긍정적이고 능동적인 태도를 뜻해요. 섹스를 적극적으로 하라는 말이 아니죠.

'섹스할래?'라고 물으면 동의를 구하는 행동이고 여기에 '응'이라고 하면 적극적 합의를 한 행동일까요? 직장 동료가 점심시간에 '밥 먹을래?' 물어서 '응'이라고 한 대답을 두고 합의라고 하지 않죠. 당연히 뭘 먹을까, 어디로 갈까, 누가 살까 같은 의견을 나누면서 서로 뜻을 맞추는 과정을 거칩니다. 점심 메뉴 고르기도 이런 과정을 거쳐야 한다는 사실을 모두 받아들이고 지내는데, 어떻게 점심 메뉴보다 훨씬 더 고려해야 할 요소가 많은 섹스를 하는 데 적극적 합의 과정이 필요하다는 사실은 곧잘 잊어 버릴까요.

합의에 관해 사람들이 잘못 생각하거나 잘 모르는 현실 속에서 우리는 어떻게 합의를 시도하고 안전하게 섹스하고 안전하게 연애할 수 있을까요? 아무도 만나지 말아야 할까요? 섹스하려고 뜻을 맞추기보다는 뜻이 맞는 사람이랑 섹스하면 됩니다. 넓은 범위에서 연애나 성생활을 비롯해 삶을 대하는 태도나 가치관 등이 맞는 사람을 만나서 성관계든 애정 관계든 맺는다고 생각해 보세요. 아무도 안 만나기보다는 잘 맞는 사람을 만나려는 노력이 중요해요. 실패를 경험할 때도 있지만 말이죠.

원 나이트를 할 때는 어떻게 해야 할까요? 합의를 전제로 하고, 어느 정도 시간 동안 어떤 방식으로 할지 이야기를 하고, 이런 내용이 서로 지켜야 할 약속인 계약이라는 점을 분명히 해야 합니다.

오랜 연인 사이의 합의 과정

오랜 연인 사이에 맺는 합의는 맥락이 훨씬 더 복잡합니다. 연애 초반에는 마음속에 배려와 설렘이 커서 합의 과정도 엄청 빠르게 진행되죠. 오래된 연인은 이런 점을 간과하고 익숙하니까 암묵적 동의를 더 잘한다고 전제하는 실수를 저지르죠. 사귄 지 오래돼 서로 익숙하니까 물어볼 필요도 없다고 생각하지만, 반대로 암묵적 동의의 허용치는 점점 낮아집니다.

왜 그럴까요? 사귀는 시간이 길어질수록 바라는 것이 많아지는데다, 일일이 말하지 않아도 상대가 알아차리기를 바라는 마음도 커지거든요. 예전에도 괜찮고 지금도 괜찮겠지 하며 이미 동의한 문제라고 추측하는 일도 잦아지면서 예상하지 못한 말다툼도 자주 벌어집니다.

    사귄 지 두 달이든 20년이든 원칙은 똑같습니다. 평소에 섹스에 관해 대화를 많이 나누는 방법뿐입니다. 요즘 하고 싶다고 느낀 적 있는지, 지금 어떤 생각을 하는지, 왜 안 하고 싶은지, 어떤 섹스에 환상이 있는지 말이죠. 물론 대화가 잘 안 될 수도 있어요. 사귄 지 오래된 사이이고 거의 모든 일상을 공유하며 지내는 커플이라면 나눠야 할 이야깃거리가 너무 많아서 섹스까지 다룰 틈이 없을 수도 있어요. 섹스리스 커플이지만 신뢰와 애정으로 사이좋게 잘 지낼 수 있어요. 다만 그래도 가끔은 확인해야 해요. 부모님 돌봄, 상환해야 할 대출금, 괴로운 층간 소음 등 신경 써야 할 일이 많더라도 가끔씩 새롭게 생긴 성적 환상이나 갈망은 없는지, 나이가 들어 가며 생기는 신체 변화 때문에 성생활에 고민이 있는지 등을 확인하는 대화는 중요합니다. 암묵적 동의라고 방치하지 마세요.

인류 최초의 사랑

인류 최초로 사랑에 빠진 사람은 누구일까요? 누가 연애를 가장 처음 했을까요? 사랑도 본능일까요? 피하려 해도 어쩔 수 없이 저절로 될까요?

사랑에 빠지면 천년 동안 너만 사랑하겠다거나 너를 위한 일이라면 내 목숨도 버릴 수 있다는 맹세도 서슴없이 하게 됩니다. 이런 사랑을 오스트랄로피테쿠스가 했을까요? 크로마뇽인이 했을까요? 아니면 아담과 이브?

에덴동산은 아무것도 부족하지 않았대요. 낙원이라고 불린 그곳에 사랑이 필요했을까요? 에덴동산에서 처음 나타난 사랑 행위는 무엇이었을까요? 저는 이브가 선악과를 먹고 아담에게 건넨 일이 사랑을 적극적으로 표현하는 첫 번째 행동이라고 생각합니다. 뱀이 이브한테 선악과를 건네면서 먹으면 하느님만큼 똑똑해진다고 했거든요. 혼자 몰래 먹을 수 있는데도 이브는 아담에게 선악과를 나눠 줬죠. 아름답지 않나요. 물론 하지 말라고 금지한 일을 저지른 잘못은 있지만 맛있고 좋은 것을 독차지하지 않고 나눠 먹으려 한 마음만큼은 상대를 향한 사랑으로 해석할 수 있지 않을까요?

종교 차원에서는 이브와 아담이 선악과를 먹어서 원죄가 생기고, 섹스는 타락의 증거이며 인간은 금욕을 해야 한다고 말할 수 있고 그렇게 가르칠 수도 있어요. 그렇지만 성교육은 달라야 합니다. 섹스를 죄악시하는 태도가 성폭력이

선악과를 아담하고 나눠 먹은 이브

나 성매매를 줄이거나 없애는 효과를 가져오지 못한다는 사실을 우리 모두 잘 알고 있으니까요. 수치심이나 죄의식 대신 성교육은 어떤 사랑을 하고 어떤 섹스를 할지 스스로 찾아갈 수 있게 도와야 합니다. 사람이 사람을 아끼는 마음으로 말이죠.

사랑이라는 삶의 딜레마

한발 더 들어가 볼게요. 찰스 다윈이 말했어요. "인간은 자기 말이나 소, 개를 교미시킬 때는 그 특성과 혈통을 극도로 세심하게 살피면서 정작 자기가 결혼할 때는 거의 또는 전혀 그런 노력을 기울이지 않는다."

연인을 위해 내 목숨도 버릴 수 있다는 사랑의 속성은 자기 유전자를 이어받은 후손을 많이 남긴다는 생물학 원리를 정면으로 거부해요. 오히려 방해물이죠. 짝사랑을 오래 하다가 상처가 너무 커서 생명이 소멸해 버리는 '상사병'만 봐도 사랑이 종 번식을 목표로 하지 않는다는 사실을 알 수 있죠. 이렇게 보면 동성애를 두고 종족 번식에 기여하지 않는다는 비난도 부당하다는 사실을 알 수 있죠. 원래 사랑은 번식이랑 상관없어요.

하버드 대학교에서 사랑학 수업을 진행한 마리 루티 교수는 이런 말도 했어요. "사랑은 어쩌면 행복을 얻기에는 가장 효과가 떨어지는 방법인지도 모르겠습니다. 사랑이란 그 무엇보다 우리를 행복하게 만들지만 사랑을 시작하면 불행해질지 모른다는 위험을 감수해야 합니다."

이것이 사랑의 딜레마입니다. 그러니 사랑이 우리 삶에서 중요하지만 연애를 하지 않거나 못 한다고 해서 인생에

결핍이 생긴다거나 사귀다가 이별한다고 해서 실패한 인생이라고 하지는 않습니다. 그렇지만 하늘의 별도 달도 다 따다 주겠다며 절절히 사랑을 드러내면서도 자기 손으로 상대를 위해 따뜻한 밥상을 차리는 일상의 돌봄을 등한시한다면, 그런 상태는 사랑의 딜레마가 아닙니다. 그냥 사랑이 아닙니다.

초반이 좋고 갈수록 힘든 연애

왜 연애를 하면 사귀기 시작한 초반이 가장 뜨겁고 좋을까요? 공중에 붕 떠서 걷는 듯하고, 가만히 있어도 웃음이 나오고, 행복하다는 말이 절로 나오죠. "아! 좋을 때다." 연애를 시작한 이에게 사람들이 비슷한 반응을 보이는 이유는 마법에 걸린다고 할 만한 이런 특징 때문입니다.

아주 오랫동안 이 세상에 존재하는지도 모르던 사람하고 갑자기 엄청나게 특별하고 친밀한 관계를 맺는 일이 연애죠. 그래서 연애 초반에는 서로 작은 공통점 하나만 발견해도 기쁘고, 다른 점 하나만 발견해도 기쁘죠. "너도 딸기 좋아해? 나도 딸기 좋아하는데. 우리는 잘 통하는 거 같아." 이렇게 말할 때는 천생연분 같아요. "나는 딸기를 좋아해.

나랑 맛있는 딸기 케익 먹으러 가 볼래?" 이럴 때는 나를 새로운 세계로 초대하는 듯하죠.

그렇지만 사귀는 시간이 길어지면서 해석이 달라지기 시작합니다. 딸기만 너무 좋아하는 취향이 문제로 느껴지고, 내가 좋아하지도 않는 딸기를 먹어야 해서 곤혹스럽죠. 그것뿐인가요. 처음에는 당연히 상대를 잘 모른다는 사실을 금과옥조로 여기며 사소한 것 하나라도 더 알려고 노력합니다. 모르니까 알고 싶은 마음이 사랑 자체가 되죠. 그런데 사귀는 시간이 길어지면 이제는 충분히 아는 사람이 돼요. 예상하고 추측하는 일이 더 잦아지게 되고, 들어맞지 않으면 짜증이 나죠. 5년, 10년 지나고 결혼까지 한 부부들이 투덜거리듯이요. "에구, 저 인간 속을 모르겠어."

연애 초반에 찾아오는 강력하고도 특별한 설렘은 딱 그때만 느낄 수 있으니 충분히 즐기세요. 그러나 설렘이 사라진다고 아쉬워하지 마세요. 초반이 지나면 끝이 아니라 중반이라는 시기가 준비돼 있으니까요. 《Love, 사랑에 관해 알아야 할 모든 것》이라는 책에 실린 사랑의 2단계론을 소개하겠습니다.

또 다른 사랑 2단계론에 따르면, 첫 번째 단계에서 가치 공유가 일어나야 하고 두 번째 단계에서는 만족 욕구가 충족되어야 한다고 한다. 이 이론에 영감을 받은 한 실험에서는 이러한 요인으로 관계의 지속성을 예측할 수 있다는 사실을 밝혀냈다. 사귄 지 1년 반이 되지 않은 커플의 경우 가치에 관해 서로 얼마나 동의하느냐에 따라 관계가 얼마나 지속될지 예측할 수 있고, 1년 반이 지난 커플은 서로 만족을 얼마나 주고받느냐에 따라 관계를 예측할 수 있다.

— A. M. 파인스, 《Love, 사랑에 관해 알아야 할 모든 것》, 다산초당, 2005, 171쪽

처음에는 세상을 바라보는 관점부터 종교, 지지하는 정당, 취향 등이 달라도 사귈 수 있어요. 상대의 외모나 분위기 등이 더 커서 반하거나 끌리니까요. 함께하는 시간이 길어지고 많은 대화를 나누면서 서로 다른 가치관으로 살아온 사실도 알게 되죠. 둘 사이의 차이가 흥미롭게 느껴진다면, 궁금한 점이 여전히 남아 있다면, 그 사람이 살아온 역사에서 추구해 온 것들이 이해가 된다면 계속 사귈 수 있어요. 그렇지만 나하고 삶의 방향과 추구하는 미래가 다른 사실이 드러난다면 계속 함께할 수는 없을 겁니다(사실 이때 헤어져야 해요. 미련이나 미안함 때문에 붙잡고 있기보다는요). 그런 다음에는 '만족'이 중요하죠. 만족할지 모르는 사람하고 함께 사는 일이 얼마나 어려운지는 잘 아실 거예요. 만족은 서로 자주 고마워하기만 해도 꽤 채워집니다. 고마워할

일이 많은 일상에서 불만이 삐져나올 틈은 없을 테니까요.

사랑받을 가치

사랑을 하면 할수록 마음이 더 불안해진다고 말하는 사람도 많습니다. 사랑과 불안은 동전의 양면처럼 붙어 있는 듯하죠. 내가 사랑받을 가치가 있는 사람인지 고민하기 때문입니다. 내가 충분히 좋은 사람이고, 멋진 사람이고, 예쁘고 능력 있어야 이 사랑이 오래오래 유지될 텐데 그렇지 못해서 어느 날 갑자기 이 행복이 사라져 버릴까 봐 불안하죠. 그래서 요즘은 연애를 시작하기 전에 미리 외모도 관리하고 돈도 많이 벌어서 일정한 조건과 자격을 갖춰야 한다고 생각하는 듯해요.

불안은 사랑의 방해꾼이에요. 불안과 사랑은 애초에 가는 길이 다른데, 이인 삼각 경기처럼 같이 간다면 걸음이 힘들 수밖에 없죠. 불안은 이별을 두려워하는 마음인데, 사랑을 시작하면 어떤 식이든 당연히 끝이 있을 수밖에 없어요. 그런데 이별을 자연스러운 종료가 아니라 누군가를 사랑할 자격이 없고 사랑받을 가치가 없는 내가 치러야 할 처벌이나 대가처럼 느끼면 어떻게 될까요? 사랑과 이별을 누구에게나 생기는 순리로 여기지 않게 되고, 자기는 충분히 애를 쓰는데도 이별을 요구하는 상대만 부당하게 보이거든요. 그러니 분노가 생겨요. 처벌은 자기가 아니라 상대가 받아야 하죠. 내 가치를 충분히 발견하지 않고 자격을 인정하지 못한 상대방에게 화를 내죠. 불안은 결국 분노와 복수심으로 이어져 사랑을 제대로 끝맺을 수 없게 해요.

연애를 오래 하고 싶다면 상대의 사랑이 식을까 봐, 마음이 변할까 봐 불안해하는 대신 만족감을 느끼는 데 더 집중해 보세요. 만족은 주관적이어서 남들 볼 때 괜찮은 것이 기준이 되거나 중요하지 않습니다. 이를테면 돈은 많을수록 좋아서 돈을 만족 기준으로 삼으면 어차피 도달할 수 없는 목표가 돼요. 나는 돈이 삶의 전부가 아니라고 생각하는데 상대는 10억 원이 있어야만 행복하겠다고 말한다면 이미 가치가 서로 다른 거예요(곧 사랑이 지속될 수 없는 관계라는 의미예요. 이쯤에서 헤어지면 두 사람 모두 좋아요). 돈이 많으면 좋겠지만 없으면 없는 대로 살면 된다는 데 두 사람이 일치한다면, 그다음부터 값비싸지 않아도 내가 마침 필요하다고 생각한 것을 딱 맞춰 선물할 때 만족을 더 크게 느끼죠. 이 사람이 나를 계속 관찰하고 신경 쓰고 있다는 사실도 기쁘고요. 이런 기쁨과 만족을 주고받는 연인 사이에 불안이 끼어들 틈은 없어요.

사랑을 할 준비

좋은 연애를 하려면 나를 꾸며야 할까요? 아직은 없지만 앞으로 내가 사랑하는 사람이 나를 더 많이 사랑할 수 있게 말이죠. 사랑을 잘하고 싶으니까 뭐부터 준비하면 좋을까요? 사랑을 잘 아는 사람이 돼야 합니다. 누구를 만나서 사랑하게 될지 모르니까 먼저 사랑을 더 많이 생각해야겠죠. 추상적인 사랑이 아니라 내가 하고 싶은 사랑, 내가 주고 싶은 사랑을 구체적으로 고민하면 됩니다.

이상형을 만나 사랑하고 싶다고 쉽게 말하지만, 이상형은 사람의 형태이지 사랑의 색깔이나 연애의 모양이 아니에요. 이상형을 꿈꿀 수는 있지만, 내가 주고 싶은 사랑의 향기나 내가 받고 싶은 사랑의 촉감도 미리 많이많이 그려 보세요. 사랑을 하기 위해 나를 꾸며야 한다면 외모가 아니라 머릿속에서 단단하게 내 사랑을 연습하고 화려하게 꾸며 보아요.

내가 사랑받을 가치가 있는 사람인지는 상대가 아니라 나만이 결정할 수 있어요. 그 가치를 상대가 결정하게 내버려 두지 마세요. 내가 하고 싶은 사랑을 미리 생각하지 않으면 사랑받지 못할까 봐 불안한 마음에 자꾸 상대에게 맞추게 돼요. 결국 낯선 사람의 기준에 맞춰 나를 바꾸게 돼요.

내 마음을 내가 지키는 것이 사랑

슬픈 일이죠. 행여 사랑한다는 이유로 자기에게 맞추라고 요구하는 사람을 만난다면 재빨리 헤어지세요.

내 사랑은 나 혼자 키우고 만든 사랑이기 때문에 새로운 사람을 만나 연애를 시작한다면 당연히 내 사랑이 상대에게 잘 들어맞게 이리저리 맞춰 보고 바꿔야 합니다. 상대에게 맞춰서 내 사랑을 줘야지, 나를 상대에 맞추면 사랑이 아니에요.

마지막으로 한 가지를 더 강조합니다. 연애든, 동거든, 결혼이든 하기 전에 돌봄을 할 수 있는 사람인지를 꼭 점검하세요. 돌봄에는 성별도 연령도 상관없습니다. 그런데 오랫동안 돌봄은 마치 특정 성별만이 해낼 수 있는 일인 양 다뤄졌죠. 이제는 아니에요. 돌봄 감각이 없으면 절대 사랑이 사랑답게 될 수 없습니다. 밥을 하고 설거지를 하고 청소를 하고 빨래를 돌리고 개는 일을 사랑하는 사람을 보살피는 과정으로 생각하지 못한다면, 일상에서 어떤 일에 감사하고 감동받을 수 있을까요. 돌봄을 받기만 하고 돌봄 받는 상황을 익숙하거나 당연하게 여기는 사람하고 연애를 할 수는 없어요. 이성 간이든 동성 간이든 말이죠.

사랑과 섹스

사랑해서 섹스할까요? 섹스해서 사랑하게 될까요? 섹스로 사랑을 증명해야 할까요? 섹스가 시들해지면 사랑이 식은 셈이니 헤어져야 할까요? 사랑과 섹스는 연동될까요, 아니면 별개일까요?

애정이 없으면 당연히 섹스하고 싶지 않을 수 있습니다. 그런데 사랑이라는 정의에 언제나 똑같이 처음처럼 섹스해야 한다는 조건은 없어요. 애정이 식은 탓인지, 아니면 성욕만 줄어든 탓인지 구분해야죠. 사랑과 섹스를 동일시하면 사랑을 증명하려고 원하지 않는 섹스를 하게 돼요.

우리는 1강에서 몸을 사용한다는 의미는 혈관, 신경, 호르몬 등이 종합적으로 작동하는 과정이라고 배웠어요. 그러니 섹스를 하고 싶거나 하고 싶지 않은 결정에는 사랑보다는 몸 상태, 스트레스 정도, 우울과 슬픔 같은 감정 등이 더 관여한다는 사실을 알죠. 그러니 며칠 전의 섹스나 앞으로 하고 싶은 섹스에 관해 이야기할 때 섹스 문제를 사랑을 측정하는 기준으로 삼지 않게 조심하세요. 섹스에 관한 불만과 아쉬움이 사랑이 부족해서 생기지는 않으니까요. 섹스 문제로 좁혀서 이야기하면 되는데, 사랑이 끼어드는 순간 상대방은 솔직해질 수 없어요.

섹스나 성관계가 아니라 육체적 친밀감이라고 표현해도 마찬가지입니다. 육체적 친밀감이라고 하면 삽입 섹스가 아니라 키스, 포옹, 가벼운 신체 접촉 등을 포함하는 듯하니까 이런 정도는 허용해야 사랑이 유지된다고 주장하는 사람들도 있어요. 언뜻 맞는 말처럼 보이지만 함정이 있어요. 친밀감을 나누거나 더 친밀한 사이가 되는 데 목표를 둘 때 친밀감을 강화하는 방법은 여러 가지가 있습니다. 여러 방법 중 하나가 신체 접촉일 뿐이죠. 그러니 친밀해지려 신체 접촉을 하자고 요구할 일이 아니라, 친밀해지려면 무엇을 해야 가장 효과적인지 알아보는 시도부터 해야 합니다. 곁에서 관찰도 하고, 마음 터놓고 대화도 나누고, 모르겠으면 물어

보면 됩니다.

사랑과 섹스는 연결되기는 하지만 서로 연동되지 않는 별개 영역입니다. 어떻게 연결되는지, 어떤 섹스를 하고 싶은지, 어떤 사랑을 하고 싶은지 끊임없이 이야기해야 합니다. 모든 감정이 그대로 유지되기는 힘드니까 주기적으로 점검해야 해요. 2년 전 생각한 사랑과 섹스는 지금 내가 생각하는 사랑과 섹스하고 다를 수 있잖아요.

청소년이랑 사랑과 성에 관해 말하기

모든 성인은 청소년이었죠. 모든 청소년은 시간이 흐르면 성인이 될 테고요. 그러니 성인으로서, 어른으로서, 양육자로서, 교사로서, 상담가로서, 친구로서, 어떤 자리에 있든 비청소년으로서 청소년하고도 이런 이야기를 해야 합니다. 우리 사회는 청소년한테 섹스하지 말라는 말을 많이 하죠. 사랑하지 말라는 뜻인가요? 아니면 섹스하지 말고 사랑만 하라는 건가요? 청소년도 연애는 할 수 있지만 섹스는 하지 않아야 한다는 뜻이라면 엄청나게 수준 높은 금욕을 요구하는 셈이네요. 이상하지 않나요? 청소년들에게 아직 어리다고, 미숙하다고 말하면서 성인들도 하지 않는 금욕을 요구하고, 금욕을 지키지 못하면 탈선이라고 비난하니까요.

청소년 시기에 사랑에 빠지거나 성 경험을 하면 공부에 집중하지 못할까 봐 걱정할까요? 성인들은 연애도 하면서 대학도 다니고 직장 생활도 하는데 왜 청소년들은 할 수 없다고 여길까요? 사랑과 섹스를 반드시 연동하는 고정 관념이 쉽게 만들어지는 현실을 고려할 때, 청소년들도 성과 사랑을 바라보는 새로운 관점을 가질 수 있게 정보와 지식을 제공하고 함께 토론하는 쪽이 더 낫지 않을까요? 청소년 시기에는 되도록 하지 말라고 조언하고 싶다면, 그렇게 생각하는 이유를 설명하고 동의를 구하든지 청소년 처지도 이해하든지 해야 하지 않을까요. 어른으로서 청소년을 가르치겠다는 욕심을 내려놓으면, 나랑 다른 일상을 보내는 사람하고 나누는 열린 대화가 성과 사랑에 관한 성찰을 멈추지 않게 해 준다는 사실을 알게 될 거예요. 모두 좋은 일입니다. 하지 말라는 말보다는 사랑과 섹스를 같이 이야기하는 쪽이 낫습니다.

피하기 어려운 일을 다루며 살기

성폭력 예방 교육은 다른 곳에서도 많이 받으니까 저는 이미 일어난 일을 다루며 살 방법을 이야기해 보려 합니다. 성폭력은 가해자가 저지른 행위를 지칭하는 이름입니다. 가해자가 저지른 행위가 폭력이라는 사실을 드러내는 말입니다. 피해자가 피하려는 노력을 충분히 하지 않아서 생긴 일이 아니라, 가해자가 아무 행위도 하지 않으면 벌어질 리 없는 사건이죠. 이런 관점에서 보면 우리는 가해 행위가 일어나지 않게 서로 조심하고 사회도 효과적인 예방책을 세워야 해요. 그렇지만 그래도 사건이 발생할 수도 있기 때문에 살다 보면 '피하기 어려운 일'도 겪는다는 사실을 염두에 두고 피해 경험을 다룰 방법을 미리 생각해 둘 필요는 있습니다.

피해 경험을 반복해 말하면서 치유하는 사람도 있고, 피해 경험을 절대 내색하지 않은 채 혼자 견디는 사람도 있습니다. 둘 중 뭐가 더 옳고 좋은지는 딱 잘라 말할 수 없어요. 자기에게 가장 적합한 방법을 계속 찾아야 합니다.

성폭력을 '영원히 사라지지 않을 상처'로 묘사하는 말버릇도 퍼져 있죠. 그런 상처를 입은 사람이 또 섹스하고 연애할 수 있는지 의아해하는 사람들도 있지만, 잊지 마세요. 그 섹스가, 그 사람이 문제이지 모든 섹스가, 모든 사람이 문제는 아닙니다. 그러므로 상처야 생기겠지만 내 삶 전체에 남는 흔적은 아니라는 사실을 믿고 내가 나로서 내 삶을 충분히 즐기고 누릴 수 있다고 당사자뿐만 아니라 주변 사람들도 같이 믿어야겠죠.

또한 피해자에게 생긴 상처를 굳이 '성적 상처'라고 이름 붙일 이유가 없습니다. 폭력은 사람이 다른 사람을 존중하지 않는 행위이고, 존중받지 못한 사람은 당연히 상처를 받습니다. 그렇지만 존중하지 않은 이가 저지른 잘못일 뿐이니 피해자의 존엄성이나 가치가 깎이거나 줄어들지는 않죠. 그래서 피해자는 고통을 느낄 수도, 화를 낼 수도, 힘껏 싸울 수도 있습니다. 때로는 용서하거나 무뎌지기도 합니다. 피해자처럼 보이는 모습이나 피해자다운 행동이란 따로 없습니다. 내 인생에서 발생한 어떤 사건을 어떻게 다룰까 하는 고민이야 할 수밖에 없지만요. 그런 고민을 혼자 무겁게 짊어지지 말라며 함께하려는 상담가도 있고, 폭력이 반복되는 사회 구조를 분석하는 연구자가 있고, 더 나은 법과 정책을 만들기 위해 노력하는 인권 활동가도 있습니다. 인생의 어느 시점에 예상치 못한 어떤 일이 생기든 주변에서 도움을 받는 데 주저하지 마세요.

성교육에서 이런 문제를 다뤄야 해요. 그동안 성교육은 피해자가 얼마나 힘든지를 강조한 뒤 타인에게 큰 상처를 주는 가해자가 되지 말자고 호소하는 방식을 썼습니다. 자기 행동이나 폭력이 얼마나 큰 결과를 가져올지, 어떤 영향을 끼칠지 모르고 저지를 가능성에 대비하죠. 그럴 수도 있죠. 그렇지만 이런 방법으로 모든 폭력을 예방할 수는 없습니다. 폭력은 가해자와 피해자 사이의 문제가 아니라 우리가 살아가는 사회가 어떤 사회인지를 정의하는 문제입니다. '피할 수 없는 일'은 반드시 발생하는 일이니 어쩔 수 없다는 뜻으로 한 말이 아닙니다. 개인이 잘 피해서 해결될 수 있는 일로 다루지 말고, 우리 사회가 이런 폭력은 결코 용납하지 않겠다는 강한 의지를 보여 줘야 한다는 점을 강조하고 싶습니다.

성폭력과 성 구매의 공통점

사랑에 관해서 이야기하기로 한 자리인만큼 이 주제도 빠트릴 수 없습니다. 성폭력과 성 구매 행위가 나쁜 이유는 사랑이 없는 성행위라서 그렇다고 말하는 분들도 있거든요. 아닙니다. 사랑 있는 섹스는 괜찮고 사랑 없는 섹스는 나쁘다는 관점이 오히려 더 위험합니다. 이런 탓에 성폭력 가해자나 성 구매자가 피해자를 사랑한다고 하면 이해받고 용서받기도 합니다. 적어도 사랑이 없는 것보다 낫다고 생각하기 때문이죠.

어떤 사람들은 성폭력보다 성 구매가 더 낫다고 말하기

도 합니다. 대가를 지불한 자율적 성 구매까지 막으면 남성들이 성욕을 풀 수가 없어 오히려 성폭력이 늘어난다는 이유를 대기도 하죠. 성욕은 자연스러운 본능이라는 논리로 자기가 저지른 행위를 합리화하죠. 성욕이 강해서 어쩔 수 없다고 한다면 자위를 선택하지 않은 이유를 묻고 싶습니다. 자위야 말로 원하는 대로 할 수 있다는 점에서 가장 완벽한 섹스잖아요. 자위를 두고 굳이 성 구매를 선택한 사실이 가장 중요합니다. 타인이랑 섹스를 하고 싶다면 소통과 존중은 기본입니다. 이 과정을 생략하려는 행위일 뿐이지 성욕하고는 상관이 없습니다.

성폭력과 성구매는 '평가받지 않음'이라는 공통점도 있습니다. 자기는 평가받지 않고 상대만 마음대로 평가하거나 조정하고 싶어하죠. 그러니 성욕이 아니라 바로 그 '힘'을 즐기려는 겁니다. 자기는 무슨 짓을 해도 괜찮다는 믿음은 어디서 비롯될까요. 딥페이크 영상을 만들어 주는 프로그램은 '좋아하는 여자의 사진을 보내세요'라고 안내합니다. 좋아하는데 왜 얼굴과 몸을 바꾸고 싶을까요. 왜 폭력을 저지르고 돈으로 성을 사면서도 애정으로 포장하고 싶어할까요. 우리는 이제 똑바로 쳐다보며 질문해야 합니다. 사랑은, 성은 그런 것이 아니라고.

'사랑해'의 반대말

자, 이제 드디어 다섯 번 강의의 끝자락에 다다랐습니다. 마지막 질문을 드릴게요. 우리는 '사랑해'라는 말을 흔히 씁니다. 천만 번 더 들어도 기분 좋은 말이죠. '사랑해'의 반대말은 무엇일까요? 생각해 본 적 있나요? 미움, 증오, 무관심 등이 주로 나옵니다. 다 맞는 말이에요. 뭘 기준으로 할지에 따라 '사랑해'의 반대에는 여러 가지가 올 수 있으니까요. 제가 생각해 본 반대말은 이것입니다.

"사랑했었다."

시간성의 관점으로 봤어요. 현재가 아니라 지나간 과거가 돼 버린, 사랑이 끝나 버려 더는 사랑이 아니라는 점에서 과거형이고 반대말입니다.

제가 앞서 사랑은 시작이 있으니 당연히 끝도 있다고, 그러니 이별을 너무 두려워하지도 불안해하지도 말자고 했어요. 같은 원리로 현재형이 어느 날 과거형이 되는 일도 마찬가지죠. 이 원리를 염두에 둔다면 사랑을 오래오래 유지하고 싶을 때 어떻게 해야 할지 답도 찾을 수 있습니다. 과거형이 되지 않도록 사랑을 현재형으로 유지하면 되겠죠. 그런데 많은 사람이 사랑은 자연스러운 감정인데 유지하려 애쓴다면 사랑의 속성을 어기게 된다고 생각해요. 사랑하려고 노력하는 감정은 사랑이 아닐까요? 처음부터 사랑이 아닌데 억지로 사랑인 척한다면 사랑이 아니겠죠. 그렇지만 진심으로 시작한 사랑이라면, 설사 모든 사랑에 끝이 있다고 해도 시작과 끝 사이에는 '과정'이 있고, 그 과정이 어느 정도 길이가 될지는 내 노력에 따라 달라지지 않을까요.

    사랑이란 유지하려고 노력할 때만 유지된다고 생각합니다. 저절로 매일 커지고 갈수록 깊어지는 사랑이란 없어요. 오해하지 마세요. 진심이 아닌데도 억지로 사랑하는 척하라는 의미가 아닙니다. 처음 사랑에 빠진 때, 처음 첫눈에 반한 때, 만날 약속만 잡고 설레는 마음에 잠도 잘 오지 않은 때, 처음 각자 집으로 돌아가지 않고 함께 밤을 보낸 때, 처음 칫솔을 나란히 두고 지낼 공간을 만든 때부터 시작된 사랑을 의미합니다. 이 사랑을 현재형으로 유지하려는 노력이 끝날 때 자연스럽게 사랑은 과거형이 되겠죠.

    이런 노력은 쌍방이 같이해야 합니다. 상대가 나만큼 노력하지 않으면 다시 생각해 봐야 합니다. 내가 계속 노력할 가치가 있는지 말이죠. 상대가 나에게 못되게 굴고 냉정하게 대하는데도 그저 내 마음 나도 어쩔 수 없다고 말하는 경우도 있어요. 이해해요. 그렇다고 조언을 건네지 않을 수는 없어요. 당신을 존중하지 않는 사람, 당신을 이용하고 속이는 사람, 당신을 때리거나 무시하는 사람은 사랑하지 마세

저절로 크는 법이 없어 노력해야 하는 사랑

요. 노력해도 그 사랑이 멈추지 않는다면, 적어도 그 사람 곁에 계속 머무르지는 마세요. 과거가 돼 버린 사랑은 과거로 보내고, 현재를 살아요. 미래에 있지만 현재로 올 사랑을 다시 기다려요.

사랑은 시간에 영향을 많이 받아요. 살아 보면 20대의 사랑과 이별, 40대의 사랑과 연애, 60대의 사랑과 설렘이 같지 않다는 사실을 알게 되죠. 살다 보면 한 번도 상상하지 못한 인연이 다가오기도 해요. 이 나이가 돼 이런 사람을 만나다니, 이제 와 이런 사랑을 해도 되나 싶은 일이 생길 수도 있어요. 망설여지나요. 그렇다면 이별이나 세상의 시선을 두려워하지 말고 시작하세요. 그리고 마지막으로 강조해요. 연애를 할 수도 있고, 안 할 수도 있어요. 결혼도 마찬가지예요. 좋은 섹스를 즐길 수도 있고, 험난한 상황에 놓일 수도 있고, 좀처럼 흥미가 생기지 않을 수도 있어요. 1강에서 5강까지 다룬 모든 것이 다 그럴 수도 있고 저럴 수도 있어요. 흔히 사랑은 위대하다고 하죠. 그렇지만 당신의 존재는 있는 그대로 더 위대합니다. 당신이 꼭, 당신 나름의 만족감으로 삶을 채우며 누리기를 바랍니다. 행복하고 건강하세요, 모두.

질의 ●
●
응답 ●

성에 관해 말하기가 어렵습니다. 잘못하면 성희롱이라고 하니까요. 가볍게 농담을 잘할 수 있는 방법은 없을까요? 커플 사이에도 성에 관해 대화를 나눌수록 사이가 좋아진다고 하지만, 쉽지 않습니다. 어떻게 해야 할까요?

커플 간 대화는 솔직하지 않아서 많은 문제가 생겨요. 솔직해서 생기는 문제는 별로 없어요. 부부 사이든 애인 사이든 성에 솔직해야 합니다. 다만 내 느낌과 생각을 솔직하게 말하는 태도와 상대를 평가하는 투로 거침없이 말하는 태도는 달라요. '솔직히 어제 너, 별로였어' 같은 말들요. 성에 관한 평가는 한 번 들으면 쉽게 못 잊거든요. 내가 느낀 점을 말하고, 상대에게 이렇게 해 주면 더 좋겠다며 나에 관한 정보를 주고, 앞으로 바라는 기대를 담아서 대화를 하면 됩니다.

성적 농담을 잘하는 방법은 뭘까요? 가장 정확한 답은 이렇습니다. 실패할 일이 없게 성적 농담을 안 하면 됩니다. 그러면 성적 뉘앙스가 없는 농담을 개발하려고 애쓰겠죠? 성적 농담도 잘하는 사람이 되고 싶다는 욕심이 생길 수도 있지만, 그런 농담은 기본적으로 아주 가까운 사이에서나 시도할 수 있습니다.

그러니 직장이나 취미 동아리 등에서 분위기를 푼다는 구실로 성적 농담을 던지려 애쓰지 마세요. 게다가 농담은 눈치가 핵심이거든요. 농담을 던지면 사람들 표정이 바뀌죠. 그런 모습을 보면서 농담이 적절한지 재빨리 판단하는 눈치가 필요한데, 평소 눈치 볼 일 없는 지위에 있다면 농담할 때도 눈치를 챙기지 못할 가능성이 커요. 그래서 재미없고 불쾌한 농담이라 사람들이 억지로 웃는데도 모르고 혼자 신나하기 쉽죠. 그러니 자기야 가볍게 농담한다고 생각하지만 결과적으로 다른 사람들은 불쾌감과 수치심을 느낄 수 있죠.

요즘은 앱을 통해 만나는 관계가 많아졌는데, 이때 안전한 성관계를 위해 더욱 지켜야 할 태도가 있을까요?

어떤 만남이든 '안전한 성관계' 비법은 똑같습니다. 어떤 섹스를 할지 충분히 대화하기, 깨끗하게 몸 씻기, 콘돔 사용하기(피임 중요!), 사진이나 동영상 촬영하지 않기, 사적 정보 주고받지 않기, 술 많이 마시지 말기, 술 많이 마시라고 권하지 않기 등이죠. 미리 성병 검사하기도 좋은 자세입니다.

만일의 상황에 대비하는 차원에서는 만나러 가기 전에

믿을 수 있는 친구에게 카톡이나 문자로 어디서 몇 시에 어떤 사람을 만나는지를 보내 놓으세요. 만남이 끝나면 다시 연락하겠다고 약속도 하고요. 연락이 몇 시간 안으로 오지 않으면 친구가 바로 찾아 나설 수 있게요.

만남이 끝난 뒤에도 바로 친구에게 문자 등을 보내 연락하면 좋습니다. 아니면 핸드폰 메모장에 남기거나 일기를 써 둬요. 만약 가스라이팅이나 협박, 성추행 등을 당한다면 이런 기록은 나중에 경찰에 신고할 결심이 설 때 중요한 법적 증거가 됩니다.

원 나이트와 썸, 연애는 서로 다른 관계니까 섞어서 생각하지 않아야 해요. 원 나이트가 썸이 되고, 썸이 연애가 되기를 은근히 기대할 수는 있지만, 막연한 기대 때문에 합의 과정이 생략될 수 있거든요. 짝사랑도 마찬가지이고, 두 사람 중 한 사람이 더 많이 사랑할 때도 똑같아요. 사랑이랑 합의 과정을 맞바꾸지 마세요. 힘들겠지만 이 원칙을 지키려 노력해야 합니다.

요즘 형법에서 비동의간음죄를 만들라고 주장하는데, 이런 개정은 왜 필요한가요?

비동의간음죄 도입을 어떻게 봐야 할까요? 형법 제297조에는 '폭행 또는 협박으로 사람을 강간한 자는 3년 이상의 유기 징역에 처한다'고 돼 있어요. 폭행이나 협박이 먼저 있어야 강간이라는 말이죠. 그래서 법원은 그동안 '저항이 불가능하거나 현저히 곤란한 경우'를 기준으로 삼았어요. 저항할 수 있는 상황인데도 저항하지 않은 경우는 동의한 상태로 여겨 강간이 아니라고 판결했죠. 판결문에 '피해자의 의사에 반하는 정도는 아니고' 같은 표현이 자주 쓰이는 이유예요. 다시 말해 '피해자의 의사에 반하는' 성관계는 성폭력이라는 의미죠. 폭행과 협박은 동의가 되지 않은 사실을 입증하는 결정적 증거여서 중요하게 다룰 뿐 법의 관점에서도 '비동의'한 성관계는 '강간'이 맞아요. 다만 폭행이나 협박보다 좀더 명확하게 법에 '비동의'를 기준으로 넣자는 주장입니다. 폭행과 협박이라는 기준이 도리어 범죄자들이 빠져나가는 틈으로 작동하니까요.

예를 들어 볼까요. 애인이랑 애인의 남자 친구하고 함께 즐겁게 술을 마시다가 모두 그 자리에서 쓰러져 잠들어요. 자다가 이상해서 설핏 깨어 보니 애인의 남자 친구가 자기 몸을 만지고 있어요. 애인은 완전히 인사불성 상태로 잠들어 있어 도와줄 수 없고, 자기가 깬 사실을 들키면 무서운 일이 벌어질지도 모른다는 두려움에 계속 잠든 척하고 있었어요. 다음 날, 남자 친구에게 사건을 말하고 그 친구를 고소하지만 놀랍게도 무죄 판결이 나옵니다. 폭행과 협박이 없는데다가 깨어 있으면서도 저항하지 않은 사실을 이유로 말이죠.

이런 경우도 있습니다. 친구랑 클럽에서 놀다가 조금 마신 술에 어떻게 된 일인지 취해 정신을 잃어요. 나중에 일어나 보니 모르는 사람하고 성관계를 한 뒤예요. 상대가 약물을 술에 탄 정황이 의심되지만 '물뽕'이라 부르는 감마히드록시부티르산GHB은 소변으로 빨리 빠져나가기 때문에 증거가 안 남죠. 이때도 상대가 협박도 폭행도 하지 않아서 강간이 아니게 됐습니다.

또 이런 경우는 어떤가요? 1억 원을 빌려 준 사람이 자기랑 섹스를 하면 갚을 금액을 줄여 주겠다고 해요. 거절해도 끈질기게 성관계를 요구해요. 협박은 아니지만 심리적 압박감을 주죠. 직장 상사가 필요 없는 야근을 하게 하고 밤에 자기 숙소로 심부름을 시켜요. 친하게 지내던 동네 어른이 어느 날 맛있는 밥을 사더니 마사지하는 법을 알려 주겠다며 집으로 데려가요. 이런 과정에서 벌어지는 성폭력은 협박하고 주먹이나 칼을 휘두르며 폭력을 쓰지 않은 점을 근거로 삼아 강간으로 인정되지 않는 경우가 많아요.

비동의간음죄가 도입되면 무고가 남발할 수 있다며 반대하는 사람이 있습니다. 섹스할 때마다 계약서라도 작성해야 하냐며 비꼬기도 하는데, 정히 걱정된다면 그렇게 해야 겠죠. 다만 이것도 알아 두세요. 명시적이고 적극적으로 소통하고 합의하는 과정을 거쳐서 성관계를 가진다면 계약서가 없어도 무고당할 가능성은 없어요. 상대가 하는 거짓말은 경찰과 검찰을 거치며 조사 과정에서 명백히 밝혀질 테니까요. 무고가 남발할 허점이 있다면 미국 몇몇 주를 비롯해 영국, 독일, 스웨덴, 캐나다, 아일랜드, 오스트레일리아, 일본 등 여러 국가에서 비동의간음죄를 제정할 리가 없겠죠. '성관계는 책임과 합의가 무엇보다도 중요하다!' 이 말이 원칙이 되는 사회를 반대할 이유가 있을까요?

──────── 나는 얼마나 알고 있나 정답 ────────
① X ② 내 뜻, 나의 의견 ③ X ④ 나 자신 ⑤ 사랑했었다

나가기

내 인생에 때마침 당도한 성교육

성교육이 청소년 중심인 사례가 많고, 청년을 대상으로 할 때는 '연애'에 초점을 자주 맞춥니다. 그렇지만 성교육은 생애 전반에 걸쳐 계속 갱신되면서 제공돼야 합니다. 당장은 장년과 노년을 위한 다양한 성교육 프로그램이 더 많아져야 합니다. 때를 놓친 건가 싶은 '어른'들에게 지금도 결코 늦지 않다고 알려 줄 시의적절한 성교육이 우리 사회에 더 많아지기를 바랍니다.

2020년 어느 날, 아카데미느티나무 담당자가 건 전화를 받았습니다. 청년을 위한 성교육 강좌를 열어 보자는 제안이었죠. 예상하지 못한 일이라 부담은 컸지만, 좋은 기획이라 욕심도 났습니다. 저는 학교 다닐 때 성교육을 한 번도 받지 못했거든요. 저처럼 청소년 시기에 성교육을 받지 못하거나, 받은 적은 있어도 충분한 시간을 누리지 못한 성인이 많을 테니까요. 성교육을 청소년만 받아야 할 이유도 없고 나이 든다고 성에 관한 지식이 절로 늘어날 리도 없으니, 어른을 위한 성교육도 필요하다고 생각했죠. 강좌 이름은 바로 지금이 성을 공부할 가장 적절한 때라는 의미를 담아 '내 인생의 시의적절한 성교육'이라 붙였습니다.

행복하고 건강한 성과 사랑

저는 성교육이라면 '성'이 자기 '삶'에서 지니는 의미를 설명할 수 있도록 도와야 한다고 생각합니다. 저는 동성애자이지만 20대 중반이 되도록 동성애를 긍정적으로 대하는 말을 단 한마디도 듣지 못하고 자랐죠. 그래서 동성애자라는 사실을 받아들이는 과정을 힘겹게 겪어야 했습니다. 게다가 1990년대만 해도 동성 간 사랑과 섹스를 다루는 책은 한국에 단 한 권도 없어서 사랑하는 사람하고 육체적 친밀감을 어떻게 나눠야 하는지 알 수 없었습니다. 일단 이성 간 섹스를 다룬 책부터 사서 읽었죠. 바로 적용할 수 없으니 원리를 찾아야 했어요. 내가 어떻게 살아야 하는지를 알기 위해 성을 공부했죠. 이때 '관점'이 중요하다는 사실을 깨달았어요. 동성애자여도 이성애 중심 관점을 가진다면, 여성이어도 남성 중심 관점으로 자기 삶을 평가한다면, 행복하게 살 수도 없고 건강하게 살 수도 없으니까요.

강의 중에 이런 질문이 들어온 적 있습니다. 부부 관계가 좋으려면 한 이불에서 자야 하는데 자다가 성욕이 자연스럽게 동하기 때문이라는 말을 어떻게 생각하느냐고 묻더군요. 저는 혹시 그런 이야기를 슬기로운 부부 생활을 위한 조언이라고 진지하게 말한 사람은 되도록 멀리 하라고 먼저 말했죠. 순서가 틀리니까요. 한 이불을 덮다 보니 부부 관계가 좋아진다기보다는 부부 사이가 좋다 보니 한 이불을 덮어도 불편하지 않겠죠. 부부 사이가 좋아도 성격과 상황에 따라 이불은 따로 덮을 수도 있고요. 만약 한 이불을 덮고 싶다면 평소에 부부 사이를 좋게 유지하려고 노력하는 자세가 우선일 겁니다. 게다가 자다가 자연스럽게 욕구가 동한다니요! 한 사람이 동하면 상대 의사에 상관없이 아무 때나 할 수 있다고 전제하지 않는 한 이런 말을 할 수 있을까요?

잠든 상대가 동의하는지는 어떻게 확인하겠다는 걸까요? 성은 본능이고 몸이 부딪치다 보면 불끈 성욕이 솟기 마련이라는 관점에서만 할 수 있는 이야기죠. 커플이 사이좋게 지내려면 구체적으로 잘 지내는 노력을 해야 합니다. 섹스 횟수를 늘린다고 해서 해결되는 일도 아닐 테니 말이죠. 오히려 사이좋은 커플이라서 미리 이런 약속을 할 수는 있습니다. 자다가 강한 느낌이 오면 자위를 하거나 미안해하지 말고 깨워도 된다고 미리 이야기를 나누는 거죠. 이런 대화를 나눈 적 없는 사이라면 자다가 동할까 봐 한 이불을 덮어야 한다는 말도 하지 않아야 합니다.

성을 다룰 때는 몸을 중심으로 이야기하게 되지만, 성은 오히려 아픔과 슬픔, 두려움과 행복, 불안과 불만, 분노와 기쁨, 실망과 만족, 기대와 환희, 괴로움과 서러움, 즐거움과 부끄러움 등 복잡하게 갈라지는 감정에 더 얽혀 있다고 생각합니다. 그리고 늘 앞뒤 맥락이 있습니다. 이를테면 자기 자신하고 하는 섹스이든 다른 사람하고 하는 섹스이든 과거의 시간을 지나 지금 존재하고 있는 이를 만난다는 점에서 지금 현재의 섹스는 지난 모든 과거를 껴안고 낯선 미래로 나아가는 중간 지점에 자리하죠. 그러니 삶의 긴 맥락을 염두에 두고 성을 다루려는 노력도 중요한 '성적 능력'이 아닐까요.

결코 늦지 않을 성교육

저는 2000년에 《한채윤의 섹스 말하기》라는 레즈비언 섹스 가이드북을 냈고, 2019년에는 모든 여성을 위한 《여자들의 섹스북》을 썼습니다. 이번에는 대상을 모든 성별로 확장했습니다. 제게도 의미 있는 도전이었습니다. 매번 강의가 끝나면 아쉬움이 남아 책으로 묶어 낼 때 보완해야지 싶었는데 마지막 페이지를 쓰는 지금 결국 또 같은 마음이네요. 부족한 구석이 많겠지만, 작은 도움이라도 되면 좋겠습니다.

성교육이 청소년 중심인 사례가 많고, 청년을 대상으로 할 때는 '연애'에 초점을 자주 맞춥니다. 그렇지만 성교육은 생애 전반에 걸쳐 계속 갱신되면서 제공돼야 합니다. 당장은 장년과 노년을 위한 다양한 성교육 프로그램이 더 많아져야 합니다. 때를 놓친 건가 싶은 '어른'들에게 지금도 결코 늦지 않다고 알려 줄 시의적절한 성교육이 우리 사회에 더 많아지기를 바랍니다.